지금 힘들다면
잘 하고 있는 것이다

지금 힘들다면
잘하고 있는 것이다

전옥표 지음

중앙books

정말 힘들다면
잘하고 있는 것일까?

금년 초 40대 독자 한 분이 연구소로 나를 찾아 왔다. 그동안 여러 가지 사업을 했는데 사람을 무턱대고 믿어서 빚만 몇억 원을 지게 되었다고 했다. 빚을 만회할 방법을 자문하기 위해 찾아 왔다고 말하던 그가 주섬주섬 가방을 열더니 헤진 책 한 권을 꺼내어 내게 수줍게 내밀었다.

"이 책이 아니었으면 저는 벌써 이 세상 사람이 아닐 겁니다. 이 책 덕분에 위로받고 또 하루를 시작해보고 용기를 갖게 되어 지금까지 왔습니다. '지금 힘들다면 잘하고 있다'는 말씀이 정말 제 가슴을 쳤습니다."

눈시울을 붉히던 그는 내게 새로운 다짐이라도 하듯 말했다. 얼마나 여러 번 읽고 밑줄을 치고 메모를 했는지 책이 다 낡을 정도로 너덜너덜해져 있었다. 낡은 책에 삶에 대한 그의 치열한 고뇌가 고스란히 묻어났다.

그 모습이 얼마나 가슴 뭉클하고 감동적인지……. 집필 당시 단 한 사람이라도 이 책을 읽고 희망과 용기를 얻어 새로운 삶을 시작하는 데 도움이 됐으면 좋겠다고 바랐는데, 바로 그 염원이 이루어지는 순간이었다.

내 책을 통해서 위로와 격려가 되고 삶의 동행이 되었다는 그의 고백을 듣는 순간 밤잠을 설쳐가며 집필에 몸부림쳤던 힘든 순간들이 큰 보람으로 다가왔다.

단 한 사람의 독자라도 절망에 빠져 허우적거릴 때, 누구와도 삶을 마음 놓고 이야기할 수 없을 때, 바로 그 순간에 인생의 여정을 같이 이야기해주고 끊어진 길을 이어주는 도연사道連師가 되고 싶었다.

많은 분들이 그동안 궁금했을 것이다. 과연 저자가 죽을 만큼

정말 힘들다면 잘하고 있는 것일까?

힘듦을 경험하였는가. 그리하여 '지금 힘들다면 잘하고 있는 것이다'라고 이야기하는가. 저자는 그런 말을 할 자격이 있는가.

분명한 것은 울림을 주는 메시지는 웅변이 아니어도 삶으로 나타난다. 얄팍한 상혼으로 책이 많이 팔리기를 바라는 겉치레의 글모음이 아닌, 독자와 저자가 삶의 여정을 스스로 자문해보면서 책이 주는 무한한 파급력에 경외를 표하기 위해 일부 내용에 대한 개정판 출간의 용기를 냈다.

2013년 초판이 출간된 이후 벌써 6년이란 시간이 흘렀다. 독자들에게 좀 더 가깝게 다가가기 위해 디자인을 새롭게 리뉴얼하고 책의 거친 부분을 세부적으로 다듬었다. 새로운 얼굴을 가지게 된 이 책이 지친 사람들의 마음을 다시 한번 어루만져주길 바란다.

개정판을 펴내며

종종 지친 얼굴로 "박사님, 지금 힘들다면 잘하고 있는 것이 맞겠지요?"라고 묻는 사람들이 있다. 그럴 때 나는 일부러 여유를 가지고 이렇게 말한다. "그럼요. 맞고 말고요. 지금 힘들다면 잘하고 있는 거예요. 인생에서 힘들지 않은 여정은 하나도 없어요. 다만 힘들 때 다시 용기를 갖고 일어서는 것이 인생임을 터득할 때 삶의 가치가 있는 것이지요. 지금 힘들 때 욕구에서 자유로워질 수만 있다면, 다시 말해 정당한 욕구에만 몰입할 수 있다면 잘하고 있는 것입니다."

노력하지 않고 얻으려는 마음과 능력 밖의 일을 갈망하는 것 때문에 사람들은 늘 힘들어한다. 사실은 땀 흘린 만큼만 얻겠다는 소박한 욕구가 삶에서 훨씬 힘들고 어려운 일이다. 그래서 힘든 것이다. 그러나 시간이 지나고 나면 그것이 얼마나 잘한 일인지를 알게 될 것이다.

정말 힘들다면 잘하고 있는 것일까?

지금 힘들어하는 사람들이 주변에 너무 많다. 다들 웃고 있지만 마음은 우울하다. 눈만 뜨면 치열한 경쟁 속에서 살아가야 하고 과도한 스트레스로 녹초가 된다. 부디 이 책이 일상에 지친 사람들에게 휴식과 용기를 주고, 곁에 두고서 위로가 필요할 때마다 꺼내 읽는 친구 같은 존재가 되었으면 한다.

2018년 여름,

전옥표

개정판을 펴내며

●
○

살아 있는 사람은
힘든 만큼 찬란한 미래가 있다

삶에서 안전지대만 고집할 때 발전은 멈춘다. 다소 불편하고 힘들어도 도전하는 사람이 아름답다. 도전은 개인이 성장하고 조직이 발전하기 위한 필수 과정이다.

　어느 날 연구실로 한 통의 편지가 도착했다. 열사의 나라 사우디아라비아에서 힘들게 일하고 있는 대기업 직원이었다. 감옥과 다를 게 없을 정도로 꽉 막힌 땅에 발을 들여놓을 때, 고생문이 열린 것 같아 힘들었다고 한다. 직원 모두 고난이라고 생각하고 있었다. 본인 또한 발령을 받는 순간 본사 동료보다 뒤처지는 듯해 낙심했다고 한다. 그런데 그는 이렇게 말했다.

　"박사님의 저서들로 간신히 마음을 잡을 수 있었습니다. 매일 한 장씩 읽고 또 읽었습니다. 이제 박사님의 저서는 워낙 많이 읽어서 모두 외울 정도가 되었습니다. 힘들 때 가장 큰 용기를 준 박사님의 메시지 덕분에 잘 견디고 있습니다. 박사님께서

'고난은 결과가 아니라 과정일 뿐이다. 오늘의 눈물은 내일의 웃음으로 보답된다'라고 말씀하셨듯이 반드시 웃음으로 돌아오겠지요?"

나는 독자들에게 "책을 읽고 많은 지식을 얻었습니다. 아주 많이 배웠습니다. 많은 것을 깨달았습니다"란 이야기를 듣고 싶지 않다. 내 책은 누군가에게 지식을 전하고 배움을 주고 깨우침을 주기 위한 게 목적이 아니다.

격려와 위로를 통한 도전을 말하고 싶어 『지금 힘들다면 잘하고 있는 것이다』로 제목을 정했다. 그동안 위로와 격려에 대한 책이 많이 출간되었지만 새로운 관점에서 이야기를 시작하고 싶었다. 눈물은 참지 말아야 한다. 목 놓아 펑펑 울고 난 후에야 도전이 가능하다. 아픈 마음을 보듬어야 자존감이 높아진다.

『지금 힘들다면 잘하고 있는 것이다』를 통해 지식과 배움, 깨달음을 얻으려고 생각하면 실망할지 모른다. 그러나 '바로 이거야. 이렇게 해야겠어'라고 한 가지라도 통찰력을 얻었으면 좋겠다. 용기를 얻고 생의 의지가 생기길 바란다. 페이지를 넘길 때마다 활기찬 기운이 느껴질 것이다. 처진 어깨에 작은 날개가 달리길 바란다.

밤잠을 설쳐가며 원고 집필에 몰입한 보람은 누군가 내 책을 삶의 지표로 삼고 이렇게 살아낼 것을 믿는 데 있다. 강의도 마찬가지라 생각해왔다. 많은 분이 새 힘을 얻고 도전하게 되어 기쁘기 한량없다.

초라한 인생이란 도전과 시도를 포기하고 일상을 쾌락주의로 보내는 삶이라 말하고 싶다. 노력한 만큼 성과가 안 나와서 고민하는 청춘들과 직장인들에게 노력한 만큼 결과를 얻는 비결을 말하고자 한다. 무엇보다도 두 번째 사는 인생처럼 품위 있게 삶을 관조할 것을 나누고 싶다. 삶의 의미가 보다 풍성해질 것이다.

무언가를 이루려고 하는데 힘든가. 계획대로 잘되지 않아서 괴로운가. 최선을 다했는데도 일이 잘되지 않아 주저앉고 싶은가. 더 이상 버틸 힘이 없어서 넘어질 것 같은가. 가진 것이 없어서 힘든가. 시험의 결과가 원하는 대로 잘 나오지 않아서 우울한가.

아이러니하게도 그렇다면 당신은 지금 잘하고 있는 것이다. 아무것도 시도하지 않으면 아무것도 이룰 수 없다. 시도하기 때문에 힘이 드는 것이다. 힘든 만큼 보상이 가까이 와 있다. 지금 무슨 이유든 힘들다면 잘하고 있는 것이다.

죽은 사람, 죽은 조직, 죽은 기업에는 힘든 일도 도전도 없다. 살아 있는 사람에게는 언제나 힘든 만큼 찬란한 미래가 기다리고 있다.

힘든 상황을 즐기는 지혜를 터득하기 바란다. 이 책이 당신의 삶에 큰 이정표가 될 것을 기도하면서 집필을 마치게 해주신 하나님께 영광을 돌린다.

전옥표

CONTENTS ●●●●●●●●●●●●●●●●●●●●●●●●●●●●●●●●●

2장 _ 지금 힘들다면 잘하고 있는 것이다

5장 _두 번째 사는 인생처럼 품위 있게

1장

눈물을 참고 있는
그대에게

지치고 힘든 그대들이여.
힘들면 힘들다고 실컷 울자.
그리고 다 울었으면
이제 아픔을 떨쳐버리고 당당히 일어나자.
한 번의 실패는 긴 인생에 있어
하나의 작은 점에 불과하다.

괜찮아, 울어도 돼

여러 해 전에 직장 동료의 장례식을 다녀온 적이 있다. 후배였
지만 평소 성실하고 가정적이며 내 이야기도 잘 따라주어서 많
이 아끼던 후배였다. 그해 여름에 후배는 가족, 친척들과 함께
휴가를 떠났다. 아이들은 물놀이를 하고 어른들은 강가에서 쉬
고 있었는데 그때 후배의 아들이 급류에 휩쓸려 떠내려갔다. 이
를 본 후배는 바로 물로 뛰어들어 아들을 구해냈지만 자신은 힘
이 빠져 물에서 나오지 못했다.

문상을 가서 가족들을 위로하는데 아빠 덕분에 살아난 중학생 아들이 세상의 모든 죄를 혼자 짊어진 사람처럼 구석에서 쪼그려 앉아있었다. 자책과 두려움에 휩싸여 차마 울지도 못하고 떨고 있는 모습이었다. 북받치는 슬픔에 그 아들을 부둥켜안고 같이 울면서 말했다.

"울어라. 실컷 울어라. 아빠가 들을 때까지. 그리고 아빠가 못다 이룬 꿈까지 이루어라."

집으로 돌아오는 길에 그 아들에게 격려와 위로의 문자 메시지를 보냈다.

'아픔을 견디면 괜찮다. 이 또한 지나가리라.'

책을 시작하는 지금 그 후배의 아들이 떠오른다. 얼마나 많은 이 땅의 청춘들이 아픔을 안고 눈물을 참으며 살아가고 있을까. 그들 곁에서 우리 어른들은 무엇을 이야기해줄 수 있을까. 그저 눈물만 닦아줄 수밖에 없는 현실 속에서 어떻게 하면 함께 짐을 질 수 있을까 고민했다. 무거운 짐을 지고 살아가는 젊은이들을 위한 나눔의 삶을 실천하고 싶은 마음에서 집필을 시작했다.

무한 경쟁시대를 살면서 사람들의 눈물은 점점 메말라간다. 한 번 넘어지면 다시 일어설 수 없는 영원한 패자가 될 것이라는 사회 통념에 절규한다. '패자부활전은 없다'라며 절망하는 청춘들에게 이 세상은 '넘어져도 울지 마라'고 강요한다.

이제 나는 이들에게 "넘어지면 울어라!"라고 외치고 싶다. '울어야 산다'는 메시지다. 그래야 진정 마음의 상처를 딛고 다시 일어날 수 있음을 믿는다.

자기 때문에 아빠가 죽었다는 슬픔을 안고 있는 아들에게 울음을 참으라고 한다면 격심한 스트레스로 그 아들 또한 절망하고 좌절할 것이다. 실컷 한탄하면서 울고, 한없이 아빠를 그리워할 때 흐트러진 정서가 회복되고 마음이 치유된다.

왜 이렇게 마음의 여유가 없어졌을까. 과거보다 훨씬 더 풍요로운 삶을 살고 있는데도 왜 우리의 마음은 더욱 시들고 메말라가는 걸까. '울면 안 된다' '울면 약해진다'는 인식이 우리를 붙잡고 있기 때문 아닐까. 과연 울지 않아야 강해질 수 있는 것인지 의문이다. 이성이 감성을 지배해야 강해진다고 믿고 있지만 마음속 깊은 감정이 각오를 다지게 하고 새롭게 나를 조명하게 하는 에너지원일 때가 더 많다.

슬프면 울어야 하고, 기쁘면 웃어야 하는 게 자연의 순리다. 희로애락에 따라 살지 못하면 상황에 적응하는 감정이 제대로 작동하지 못하고 내가 아닌 남의 정서가 이입된다. 힘들면 울어라. 삶은 스펙이 아니라 순수함과 깨우침을 쌓아야 성공하는 것이다.

눈물을 참고 있는 그대에게

나는 감정을 어느 정도는 표출하라고 이야기하고 싶다. 인간은 감정의 동물이지 않은가. 누가 우리를 로봇으로 만들려고 하는가. 정서가 메마를 때는 삶도 건조해진다. 눈물이 있는 곳에는 삶이 있고, 눈물이 있는 곳에 강인함도 있다. 실패나 실수나 기회의 박탈로 울어 보지 못했다면 그는 강한 인생을 살지 못할 것이라고 단언한다. 모든 위대함 뒤에는 눈물이 있기 때문이다.

직장생활에 지쳤는가. 학업에 힘이 드는가. 잘해보려고 하지만 하는 일마다 잘 풀리지 않는가. 그러나 지금 주저앉기엔 인생은 너무나 길고 아름답다.

나는 30여 년 조직생활을 하면서 다양한 경험을 했다. 때로는 힘이 들어 펑펑 울고 싶은 순간, 어디론가 훌쩍 도망가고 싶을 만큼 괴로웠던 일, 사표를 내고 쉬고 싶을 때도 있었다. 내가 잘못한 일이 아닌데 상사에게 혼이 나고, 사람들 틈에서 속이 상하면 자신이 초라하고 가여웠다고 자기 연민에 빠져 우울하기도 했다. 지금 생각해보면 별일 아닌데 왜 그 시절에는 무겁고 힘겨웠을까. 삶에 대한 순수함이 있었기에 내면의 아픔이 컸던 것 같다. 사소한 일에 공감하고 반응하는 감성이 '살아 있기' 때문이다. 생명이 살아 있듯이 우리의 말과 행동, 표정이 살아 있어야 한다. 힘들다는 건 살아 있다는 증거다.

지치고 힘든 그대들이여. 힘들면 힘들다고 실컷 울자. 그리고 다 울었으면 이제 아픔을 떨쳐버리고 당당히 일어나자. 한 번의 실패는 긴 인생에 있어 하나의 작은 점에 불과하다.

어떻게 바라보는가의 관점이 미래를 흥하게도 하고 망하게도 한다. 힘들면 울 줄 알고, 다 울었으면 일어설 줄 아는, 바른 정서를 가질 때 비로소 원하는 것을 이룰 수 있다.

포기하지 않으면 이룰 수 있다

세상이 급격하게 변하고 있다. 이 변화의 시기에 맞게 우리의 인식도 달라져야 하는데 인식은 시간이 갈수록 오히려 과거로 돌아가고 굳어지는 경향이 있다. 한번 길들여진 인식과 관점이 변하기는 참으로 어렵다. 사람은 원래 자기가 정해둔 기준이 옳다는 관점을 가지고 있기 때문에 변화를 거부한다.

많은 젊은이가 매스컴이나 기존의 학습시스템이 가르쳐준 관점으로 자신의 삶을 평가하고 진단하기 때문에 힘들어한다. 그런 모습을 볼 때마다 마음이 아프다. 그러나 누군가 미리 정해준 길에는 지뢰밭도 있음을 기억하기 바란다.

눈물을 참아야 강인해지고 이길 수 있다는 옛 관점이 아픈 가슴을 더욱 멍들게 한다. 세상의 관점이 반드시 정답은 아니다. 내가 눈물을 참는 청년들에게 '실컷 울어라'고 말하는 이유가 그것이다. 세상이 정해준 기준을 막연히 따라가다 보면 하늘이 내려준 값진 인생을 볼 수 없게 된다. 관점은 내가 적극적으로, 의도적으로 바꾸려는 노력을 할 때 바뀔 수 있다.

이 세상의 비참함을 홀로 지고 있는 것 같은 기분이 들 때 실의의 고통이 깊으면 깊을수록 마음을 새롭게 먹기 힘들다. 이럴 때 실컷 울고 나서 '이 또한 지나가리라'고 웃어넘겼으면 좋겠다. '지금까지 겪었던 고통 중 최악'이라는 생각이 들어도 이 또한 지나가게 되어 있다. 아무리 심한 상처도 시간이 지나면 새살이 돋게 마련이다. '현재는 미래의 과거'다. 현재는 순간순간 과거로 넘어가고 있다. 지금의 현실에 낙담하고 주저앉는 것은 결국 과거에 매여 사는 삶이다. 내 신상의 불행을 웃어넘기고 초연하게 바라볼 수 있는 인식의 변화가 나를 다시 재기하게 만든다.

노벨 생리의학상 수상자인 케임브리지대학교 존 거든 교수가 한국 강연에서 했던 이야기다. 그는 청년들에게 자신의 어린 시절 이야기를 들려주었다. 와튼 스쿨에 다니던 16세 시절, 그의 생물 성적은 전체 260명 중에서 260등, 꼴찌였다고 한다. 선생님이 성적표에 다음과 같은 코멘트를 달아주었다.

'지금의 성적으로 과학자는 어림도 없다.' 존 거든John Gurdon은 선생님의 코멘트를 회상하며 이렇게 강연한다.

"과학자를 꿈꾸던 나는 매우 실망했으나 그의 말을 믿지는 않았다. '포기하지 않으면 반드시 꿈을 이룰 수 있다'는 어머니의 간단한 가르침이 진짜라고 확신했기 때문이다."

그는 기존의 틀이 아닌, 변화된 관점을 따랐기에 세계적 석학이 되어 노벨상까지 받게 되었다. 존 거든 교수는 아직도 그때의 성적표를 자신의 연구실에 붙여놓고 학생들에게 꿈이 있는 사람은 언젠가 이룰 수 있음을 역설한다고 한다.

세상은 '성적이 좋아야 과학자가 될 수 있다'고 가르쳤다. 그러나 존 거든의 어머니는 '포기하지 않으면 꿈을 이룰 수 있다'는 관점을 갖고 있었고, 거든은 그 관점을 따랐다. 성적이 꼴찌였을 때 "괜찮다. 이 또한 지나가리라"는 위로와 격려가 존 거든을 다시 도전하게 만든 것이다.

존 거든을 훌륭하게 만든 것은 학교 공교육이 아니라 관점의 힘이었다. '성적이 나쁘면 과학자가 될 수 없다'는 것은 세상이 제시하는 보편적 가치다. 그러나 진리는 보편적 가치를 초월한다. 도전한 사람들만이 역사의 주인공이 된다는 신념은 진리다. 진리를 선택하는 용기, 꿈에 대한 확신이 보편적 가치를 바꾸고 세계적인 석학을 탄생시켰다.

왜 우리 시대가 절망의 시대라고 불릴까. 진리는 침묵하고, 세상은 보편적 가치라는 가면을 쓴 채 일상에서 소란스럽게 우리를 묶고 있기 때문이다. 지금 힘들어서 절망하고 싶은가. 그렇다면 자신 있게 이렇게 말하라.

"괜찮다. 이 또한 지나가리라."

세상의 관점은 별로 중요하지 않다

잊을 만하면 대입 성적 비관으로 어린 학생들이 아파트 옥상에서 뛰어내렸다는 기사가 종종 보인다. 수능 성적이 나쁘면 인생이 끝이라는 인식은 기성세대가 만들어놓은 올가미다. 진리는 무엇인가. 수능 성적이 좋아서 원하는 대학에 진학하고 좋은 스펙을 갖추면 여생을 좀 더 편하게 살 수는 있을 테지만 반드시 그렇다고 장담할 순 없다.

'수능 성적이 나쁘면 인생도 끝이야. 더 이상 내 삶에 희망이 없어. 좋은 성적을 받도록 열심히 해야 해'라는 강박과 속박 속에서 숨소리도 제대로 내지 못하고 소리 내어 울어보지 못한 학생들의 절규는 무엇을 이야기하는가. 누군가 단 한 사람이라도

'괜찮다, 이 또한 지나가리라'란 메시지를 들려주었다면 생명을 구할 수 있지 않았을까.

인생에는 수능보다 더욱 소중하고 귀한 일들이 얼마나 많은가. 어떤 것을 가지려고 발버둥치다 보면 그것이 전부인 양 그 틀에 갇히게 된다. 비워야 새로운 관점이 생긴다.

세상에서 승리하고 싶은가. 그렇다면 나를 옥죄는 관념의 틀에서 과감하게 벗어나 보자. 나를 격려하고 위로해보고 칭찬해보자. 그리고 잘하는 것에 좀 더 관심을 가져보자. 의외로 잘하는 것이 많을 수 있다. 자신이 무엇을 잘하는지, 어떤 사람인지는 문제에 부닥쳤을 때 하는 선택과 행동을 보면 알 수 있다.

어떤 환경이나 여건에서도 기회의 창은 항상 열려 있다. 선발 주자가 제시한 게임의 룰에서 벗어나려는 의지와 관점이 있으면 된다. '보편적 가치'라는 굴레 때문에 자신의 강점을 놓치지 않기를 바란다.

나는 많은 기성세대와 젊은이를 만나면서 그들 대부분이 고착된 시각에 사로잡혀 있다는 것을 깨달았다. 좋은 대학교를 나오면 바로 출세하고 성공한다는 잘못된 방정식 말이다. 사실 결과는 반반이지 않은가. 스펙보다 더 중요한 것은 어떤 꿈을 가지고 있고 어떤 마음으로 도전하고 있는가다.

인생이라는 긴 여정에서 성실함과 도전의식을 겸비하지 않으면 좋은 학력과 스펙은 아무 일에 도전하지 않아도 과거의 이력이 삶을 편안하게 만들어준다고 착각하게 만들어 오히려 독이 된다.

요즘 신문 보기가 무섭다. 조그만 일에 너무 큰 의미를 부여하여 스스로 좌절하고 낙심한다. 툭하면 자살 소식이다. 수능 좀 못 봤다고, 실연당했다고, 사업에 실패했다고 삶의 성패가 결정된 것은 아니라고 누군가 항변해줘야 하는데 사회가 이를 묵시적으로 동조하고 침묵하고 있는 것은 아닌가.

그래서 어른의 역할이 중요하다. 결혼해서 아이 낳고 잘 먹이고 잘 입히는 일에만 치중하다 보면 아이가 빼어난 외모와 스펙은 갖출지 모르지만 강인하고 절제하며 도전하는 사람으로 성장할 수는 없다.

그리스의 철학자 에픽테토스Epictetus는 "인간은 힘든 일 때문에 힘들어하는 것이 아니라 그 일을 힘들다고 여기는 생각 때문에 힘들어한다"라고 말했다. 전적으로 동의한다. 누구라도 스트레스가 없는 생활은 없으며 실수나 실패는 인생의 그림자와도 같다. 그림자 없는 사람이 없는 것처럼 실수나 실패 없는 사람은 아무도 없다. '나는 절대 실수하지 말아야지' 하는 완벽주의와

당위성의 횡포에 기죽을 필요가 없다. 시련은 우리를 힘들게 하지만 진짜 힘을 알게 해주는 좋은 기회가 되기도 한다.

누군가의 품에 안겨 펑펑 울고 싶은가. 인생의 풍파를 만날 때, 힘든 현실을 피하고 싶을 때 누군가의 위로와 격려가 필요한가. 비슷한 힘든 인생의 여정을 건넌 멘토나 인생 선배를 찾아보길 바란다. 그가 부모든, 형제자매든, 친지 어른이든, 스승이든 상관없다. 평소 존경하는 분에게 이메일로 상담을 해보는 것도 괜찮다. 인터넷이 발달하고 소셜네트워크서비스SNS가 활발해졌지만 인생을 먼저 살아본 사람의 자리를 대신할 순 없다.

청춘은 어디서든 환영받는다. 조금 어설프고 서툴러도 청춘이라는 이름 하나로 눈부시기 때문이다. 당신이 누군가에게 손을 내밀 때 거절할 사람은 없다. 도와달라고 손을 내밀어본 사람이 도움이 필요한 사람을 품을 수 있다. 미래를 위한 꿈도, 인생을 위한 복된 만남도 노력해서 찾는 당신을 절대 배신하지 않을 것이다.

얼마 전, 한 중학생과 상담을 하게 되었다. 곧 중학교 3학년이 될 여학생인데 배구선수였다. 다른 친구들이 잘한다고 칭찬해주는데도 스스로 성에 차지 않아 스트레스성 호흡곤란도 느끼고, 마인드 컨트롤도 안 돼 정말 힘들다고 했다. 중간고사는 잘

봤는데 점점 공부가 싫어지고 짜증만 나고 자신이 미워 죽겠는데 이럴 때 어떻게 해야 하는지를 물었다.

나는 몇 가지 삶의 방향들을 이야기했다. 잘하고 싶지만 잘 안 될 때 지켜야 할 것은 절대로 자신을 학대하면 안 된다는 것이다. 오히려 스스로를 격려하고 억지로라도 여유를 가지려고 노력해야 한다. 무엇보다 하루하루 벅차지 않을 만큼 구체적인 행동단위를 정해서 결과가 좋든지 나쁘든지 자신과의 약속을 지키도록 하라. 항상 1등을 해야만 성공하는 것이 아니라 포기하고 싶은 마음을 순간순간 극복하는 데 인생의 가치가 있다. 상담과 격려를 통해 많은 위로와 용기를 얻었다며 웃음을 되찾은 학생을 보면서 큰 보람을 느꼈다.

정신과 용어 중에 '마음의 환기'라는 것이 있다. 자기 고통을 누군가에게 드러내고 털어놓아 도움을 받으면 분노를 줄일 수 있고 좌절과 괴로움을 이길 수 있다는 것이다. 이 중학생은 나를 통해 '마음의 환기'를 한 것이다.

마음이 많이 무겁고 힘든가. 누군가를 찾아서 위로와 용기를 받아보라. 독서를 통하든지 강연을 듣든지 직접 멘토를 만나 이야기를 나누든지 다 좋다. 마음에 쌓여 있는 고민을 훌훌 털어내는 용기를 권하고 싶다.

잘하는 게 없어도 반드시 길은 있다

세상을 살아가면서 어려운 일이 와도 견뎌내고, 꿈을 이루어낼 수 있는 힘은 어떻게 얻어지는 것일까. 답은 간단하다. 지금보다 더 힘든 상황에 처하지 않았음을 감사하는 것이다. 그러면 용기를 얻게 된다. 어둠의 터널을 아직 들어가보지 않고서는 내가 가장 힘들다고 말할 자격이 없다. 다만 힘들다고 느낄 뿐이다. 그러나 나는 힘들다고 느끼고 있는 모두를 응원한다. 지금 힘들다고 느끼고 있다면, 포기하지 않고 인생을 경주하고 있다면 당신은 잘하고 있는 것이다. 그것이 비록 도전이 아니더라도 지금 괴로울 만큼 힘들다면 잘하고 있는 것이다.

올림픽에서 메달을 따는 선수들을 보자. 그들이 평소 흘리는 땀은 보통 사람들의 상상을 초월한다. 태릉선수촌에 가서 직접 그들의 훈련 장면을 보면 입이 딱 벌어진다. TV에서 보는 것은 정말 한 부분일 뿐이다. 올림픽이나 아시안게임을 앞두면 조금 과장해서 하루 24시간 내내 훈련이다. 잘 때도 마인드 컨트롤이다. 오로지 훈련만 생각하고, 자신의 장단점을 파악하고, 약점을 어떻게 고칠까 연구한다. 우리가 쉽게 '피나는 훈련'이라고 표현하지만 이들은 정말 피가 나는 훈련을 한다. 그들이 평소에

흘린 피와 땀이 뒷받침되어 좋은 성적으로 이어지는 것이다. 훈련 중에는 얼마나 답답하고 힘들까. 시간이 가도 늘지 않는 실력과 그로 인한 슬럼프, 운동을 때려치우고 싶은 생각이 수시로 괴롭힐 것이다. 마라톤 영웅 황영조는 1992년 바르셀로나 올림픽에서 금메달을 따고 금의환향한 뒤 기자회견에서 "훈련할 때 너무 힘들어서 달리는 차에 뛰어들고 싶었던 때도 있었다"고 토로했다. 그렇다. 운동선수들이야말로 '지금 힘들다면 잘하고 있는 것이다'는 명제를 실천하고 있는 사례다.

어렵고 힘든 일을 견뎌내는 지혜와 습관은 무의식적이든 아니든 학습에 의해 만들어진다. 그리고 한 번 생성된 가치관은 여간해선 잘 바뀌지 않는다. 그러므로 누구에게 배웠느냐가 매우 중요하다.

"박사님, 저는 뭐 잘하는 게 하나도 없어요."

이렇게 얘기하는 청년들이 있다. 그렇지 않다. 관념의 틀에 묶여 있기 때문에 잘하는 게 안 보일 뿐이다. 어린 시절부터 지켜봐왔던 학생 하나가 있었다. 정상인이라고 하기에는 어눌하고 지능도 약간 떨어지는 학생이었다. 젊은 시절 그 아이를 보며 과연 제대로 성장하여 건강한 사회인이 될 수 있을까 답답하게 여기기도 했다. 공부에는 확실히 재능이 없었다. 그러나 그 친구는 영상과 촬영에 관심이 있었다. 영상과 촬영 기법에 집요하게 전문성을 키우더니 현재 MBC TV의 촬영기사로 근무하고 있다. 책 속의 이야기라 생각하는가. 확실하게 말할 수 있는 것은 잘하는 게 없더라도 반드시 자신의 길이 있다는 것이다. 귀 기울이고 고민하며 자신만의 길, 자신만의 해답을 찾아라. 타인의 말을 귀 기울여 듣지 않는 사람이 의외로 많다. 자신을 옭아매고 있던 구세대의 가치에서 벗어나 자신이 잘하는 것, 자신의 강점을 찾아라. 소통불능은 신체 한 부분이 연약한, 일종의 장애다. 소통은 조직과 사회가 원하는 최고의 인성이다.

좋은 습관을 지닌 사람은 마음이 건강해서 지난 일은 빨리 잊고 주어진 일에 집중한다. 그러나 마음이 약한 사람은 과거에 연연하고 미래를 염려한다. 생각은 분산되고 현재에 몰입할 에너지가 없어 시간을 허비한다. 상처를 훌훌 털고 '괜찮아, 이 또한 지나갈 일이야'라고 스스로 위로하는 과정 없이 미래를 준비할 순 없다. 마음을 건강하게 하는 것은 현재를 잘 사는 비결이요, 경쟁력이자 무기다.

누구도 흘러간 물에 두 번 손을 담글 수는 없다. 이미 지나간 일이나 일단 내린 선택, 그리고 아직 오지 않은 미래에 대한 불안이나 집착만큼 무의미한 것은 없다. 열등감이 때로는 성취동기를 부여하고 적당한 스트레스가 생활에 활력을 준다.

성공의 기준이 공부 1등, 학벌, 집안, 스펙이라는 생각에 함몰되다 보면 미래를 제한하게 된다. 남다른 재능이 있음에도 불구하고 대인관계나 사회생활 속에서 상처를 받는다. 상대방은 있는 그대로의 내 모습을 바라보는데 홀로 위축되고 움츠러든다. 우리는 엄친아, 엄친딸 등 매스컴에서 형성한 거울로 자신을 본다.

잊지 마라. 세계 수십억 명의 생김새가 모두 다르듯이 사는 방법도 제각각이다. 가장 잘 어울리는 옷을 고를 때처럼 그 길을 찾으면 된다. 당신은 옷을 살 때 어떻게 하는가. 과정이 귀찮다고 입어보지도 않고 옷을 사는 사람이 더러 있긴 하다. 특히 남자 중에서 그렇다. 하지만 대부분은 이 옷 저 옷 입었다 벗었다 한다. 어떤 옷이 잘 어울리는지 입어봐야 정확하게 알 수 있기 때문이다. 쇼핑을 자주하다 보면 체형의 장점을 살려주고 단점을 가려주는 옷을 빨리 찾게 된다. 처음엔 실패해도 나중엔 노하우가 생긴다. 몇 번 입어보지 않아도 나에게 딱 맞고 편한 옷, 오래 입을 수 있는 옷을 찾을 수 있다. 인생의 비전도 마찬가지다. 나에게 맞는 비전을 발견하겠다는 마음으로 열심히 찾다 보면 노하우가 생긴다. 시행착오는 할 수 있어도 절대로 실패하진 않을 것이다.

학교 공부를 가장 중요한 것으로 여기고 아이들을 몰아가는 맨 앞에 항상 어른들이 있다. 우등생들이 사회생활도 잘할까? 학교 공부를 잘하면 인생이 잘 풀릴 확률이 확실히 높긴 하다. 하지만 학교 공부는 잘 못하더라도 인성이 제대로 되어 있으면 그 역시 성공할 가능성이 크다. '배우지 못해 자수성가한 사람은 회장이 되고, 우등생은 그 비서를 한다'는 우스갯소리가 있다. 실제로 그런 케이스도 많이 알고 있다. 오히려 학교 공부만 열심히 하고 인성 공부를 소홀히 하다 보면 내면이 상하고 병들 수가 있다.

내가 어렸을 때 어머니는 나에게 '공부하라'는 소리를 하지 않았다. 대신 항상 농사일이나 거들라고 하셨다. 오히려 농사일이 하기 싫어 숙제해야 한다며 방에 틀어박혀 공부하는 척했다. 그러고는 친구들과 산에 가서 토끼도 잡고, 냇가로 가서 물고기도 잡으며 뛰어놀았다. 겨울철 추수가 끝난 논밭에서 축구를 했고, 며칠 밤을 새워 연극도 준비했다. 지금 생각해도 참 낭만적이었다.

나는 어머니와 마찬가지로 내 자녀들에게 공부하라고 강요한 적이 없다. 물론 마음에 들지 않을 때 '왜 그러느냐'는 소리가 목구멍까지 올라오는 걸 참았던 적은 있다. 아들이 고시 공부를 하다가 중단했을 때가 그랬다. 1차까지 합격했는데 그만둔다고 해서 매우 섭섭했다. 계속 해볼 것을 권유하려다가 꾹 참고, 먼저 아들의 생각이 무엇인지 물어봤다. 아들의 생각은 사법고시가 아니라 로스쿨이었다. 지금까지 알아서 잘해왔으니 이번에도 알아서 하라고 맡겨두었다.

그런데 매일매일 TV만 보고, 거실에서 빈둥거리는 것을 보니 마음이 조급해졌다. 어떻게 할까 고민하다가 같이 TV를 보면서 프로그램에 대해 이것저것 이야기하기 시작했다. 그러다 보니 부자간에 더욱 친해졌고, 아들이 얼마나 구체적인 계획을 갖고 있는지 알게 되었다. 아들은 본격적인 공부를 위해 먼저 자유분방한 휴식을 하고 있는 중이었다. 핑계가 아니라 구체적인 스케줄이었다. 만일 이를 모르고 먼저 몰아붙였다면 부자간의 신뢰도 깨졌을 것이고, 아들의 계획에도 차질이 생겼을 것이다.

발상을 전환하라

하던 일이 막히고, 제대로 풀리지 않을 때 자신을 너무 몰아세우면 마음이 기댈 곳이 있겠는가. 마음은 편안한 쉼터가 돼야 한다. 그래야 비우고 재발견할 수 있는 여지를 갖게 된다. 너무 흐트러지면 다잡아야 하겠지만 그래도 한 번씩 토닥토닥 자신을 보듬어주길 바란다. 이것이 마음 비우기와 재발견의 원동력이다.

'1등 하면 잘살고 출세한다'는 생각을 비워내면 '잘하는 일에 집중하면 잘살고 출세한다'는 생각으로 바꾸는 재발견을 하게 된다. 발상의 전환을 습관화하면 언제든지 원하는 방향으로 삶을 설계하게 된다. 우리는 얼마나 오랫동안 관념의 틀에 사로잡혀 있었는지 모른다. 관념의 틀을 벗어나는 것이 비우는 것이고, 새롭게 정의해가는 것이 재발견이다. '병원은 아픈 사람만 가는 곳'이라는 생각을 비워내고 '병원은 아프지 않은 사람도 가는 곳'이라는 재발견을 한 결과가 바로 건강검진이다.

이 세상을 바꾸는 힘은 개념이다. 개념은 의미다. 의미가 있으면 사람들은 많은 대가를 지불하고라도 선택한다. 의미는 가치인데 가치는 주관적이다. 아무리 비싼 가죽으로 만든 가방이라 하더라도 유명 브랜드가 아니면 사람들이 잘 선택하지 않는다. 샤넬과 루이비통을 선호하는 이유는 신뢰할 만한 브랜드이기 때문이다. 자신의 가치를 브랜드가 표현해준다고 믿기 때문이다. 한 번 사는 인생, 자신만의 브랜드로 멋지게 살아보는 건 어떨까.

눈물을 참고 있는 그대에게

세상은 넓고 할 일은 많으므로 안목을 넓혀라. 인생은 물 흐르듯이 흘러간다. 지금 이 순간 마음속의 짐과 고민을 스스로에게 털어놓아 보자. 스스로에게 말하고 스스로에게 용기를 주어보자. 끙끙 싸매고 괴로워하지 말고 몸을 움직여보자. 분명한 것은 하늘이 무너질 것 같은 고민도 지나가게 되어 있다. 너무 힘든 것은 시간에 맡겨보자.

괜찮다, 이 또한 지나가리라.

좋아하는 일 하면서
먹고사는 법

'how' 보다 'what'

강의를 할 때 이런 질문을 자주 받는다.

"자신의 강점에 집중해야 성공한다고 하는데 잘하는지 아닌 지를 어떻게 알 수 있을까요?"

세상은 보통 당신이 잘하는 일보다는 못하는 일을 부각시킨 다. 잘하는 것을 칭찬하기보다는 부족한 부분을 채우기를 요구 한다. 이것은 경쟁사회에서 어쩔 수 없이 통용되고 있는 패러다 임이다. 그러다 보니 사람들은 자신이 못하는 것에 집중하게 되고, 이내 내가 무엇을 잘했었는지조차 잊은 채 잘하는 것이 없다며 낙심하게 되고 만다.

내가 잘하고 평생의 업으로 삼을 때 행복할 것 같은 일이 곧바로 떠오르는가. 그것에 집중하면 된다. 아니면 아무리 생각해도 나의 강점이 무엇인지, 내가 무엇을 해야 성공할 수 있는지 감이 오지 않는가. 그렇다면 잘하는 일을 찾아라. 그래도 잘하는 게 뭔지 모른다면 좋아하는 것을 찾으면 된다. 좋아하는 것과 잘하는 것이 꼭 일치하진 않지만, 좋아하다 보면 잘하게 된다.

피터 드러커Peter Drucker는 '어떤 일을 이루고자 한다면 어떻게 해야 하는가'라는 'how'가 아니라 '이것을 이루기 위해서 무엇이 필요한가'라는 'what'이 중요하다고 했다. 그는 어린 시절 지독한 악필로 글씨연습 학원까지 다녔지만 교정되지 않았다. 그의 장점은 작문능력이었다. 선생님은 드러커의 글 쓰는 솜씨를 눈여겨보고 더욱 연습해보라고 권유했다고 한다. 그때 경험으로 드러커는 인간은 약점을 개선하려는 노력보다 강점을 더욱 키우는 데 초점을 맞추어야 함을 스스로 깨달았다고 한다. 약점을 고치고 보완하려고 노력하다 보면 강점을 살려서 성과를 올릴 기회를 놓치고 만다. 평범한 사람들이 비범한 성과를 만들어내는 비밀은 자신의 강점을 믿고 그 무언가를 추구해 가는 것이다.

얼마 전 포스코 ICT의 허남석 사장을 만나서 담소를 나누다가 매우 중요한 사실 하나를 발견했다. 허남석 사장이 집중적으로 '행복나눔 125 캠페인(한 달에 1가지 이상 봉사활동하기, 한 달에 책 2권 읽기, 하루에 5가지 이상 감사하기)'을 추진했더니 직원들이 긍정적으로 변화되고 경영성과도 갑절로 향상됐다고 한다. 행복나눔 125는 원래 서울대학교 초빙교수인 손욱 회장이 제안한 것인데 이 운동을 통해서 많은 변화가 일어나고 있다. 스스로를 격려하고 감사하며 생활하다 보면, 다소 실력이 부족해도 좋아지게 되고 잘하게 된다는 원리다.

하늘이 감동할 정도로 몰입하라

당신이 좋아하는 일에 주목했다면 이제 현실이다. 그것을 활용하여 속된 말로 먹고살아야 한다. '좋아하는 일을 오래오래 고심하여 찾았습니다. 저는 게임과 무위도식을 좋아합니다'라는 결론을 내는 학생이 있다면 나는 그를 나무랄 마음이 없다. 그저 그에게 '그 일을 재능으로 삼을 수 있겠느냐'고 묻고 싶다. 좋아하는 일은 재능이 될 가능성이 크다. 당신이 찾아낸 좋아하는 일이 세상이 바라볼 때도 훌륭하거나 그럴듯할 필요는 전혀 없다. 보편적 가치의 잣대로 하는 판단은 세상의 판단으로 족하다. 우리는 이제 찾은 그대로 족하다. 음악이면 음악대로, 그림이면 그림대로, 게임이면 게임대로 모두 좋다. 다만 좋아하는 일을 찾았다고 만족하기 전에 그 일에 집중해서 승부를 볼 수 있는지는 꼭 따져보길 바란다. 그 일을 하며 살아간다면 힘든 일이 닥쳐도 금방 털고 다시 시작할 수 있어야 한다. 그러나 대부분은 바로바로 성과가 나지 않으면 조급해진다. 버티지 못하고 불안해한다. 씨를 뿌리고 기다리는 시간이 있어야 열매가 맺힌다. 좋아하는 일을 찾고 나서 그 일을 재능으로 삼고 정진하려는 마음을 먹지 않으면 그 좋아하는 일을 더 이상은 할 수 없게 되고 만다는 사실을 결코 잊지 마라. 이것이 자연의 법칙이다. 큰 흐름을 거스르려고 하지 마라.

하버드대학교 교육심리학 박사인 하워드 가드너Howard Gardner는 그의 저서 『마음의 프레임Frames of Mind』에서 사람에게 아이큐IQ라는 단일 지능만이 아니라 9가지의 다중 지능이 존재한다고 주장한다.

예술감독 박칼린이나 네 손가락 피아니스트 이희아처럼 음악에 대단한 소질을 보이는 사람들이 있다. 우리는 흔히 노래를 잘하거나 악기를 잘 다루는 것을 음악 재능이라고 말하지만 사실은 음악 지능이 높아야 음악을 좋아한다는 말이다. 당신이 음악을 좋아한다면 바로 음악 지능이 있음을 의미한다.

축구 선수 박지성이나 수영 선수 박태환처럼 축구나 수영을 잘하는 사람이 있다. 유난히 외부의 자극을 판별하는 능력, 운동에 재능을 보이는 사람이 있다. 뛰어난 균형감각, 정확한 신체의 움직임 등을 통해서 자신이 표현하고자 하는 것을 정확하게 표현해내는 능력이 뛰어난 사람이다. 이를 운동 지능이라고 하는데 신체운동 지능이 높은 사람은 운동을 배우거나 춤을 배울 때나 연기를 배울 때 남보다 빨리 습득한다.

기업가 빌 게이츠Bill Gates나 천재 수학자 존 내시John Nash처럼 숫자, 규칙, 명제들과 같은 상징체계에 능통한 사람들이 있다. 어렸을 때부터 부모나 교사의 이야기를 그냥 수긍하지 않고 꼭 검증을 해야 하는 아이가 있다. 이런 경우는 논리수학 지능이 뛰어나다고 해야 할 것이다. 논리수학 지능이 높은 아이들은 실험을 거쳐서 검증을 한 후에 대답을 하기 때문에 부모나 교사의 말에 잘 수긍하지 않는다. 돈 계산이나 시간 계산 등에 민감한 사람을 보면 깐깐하다고 생각하지 말고 논리수학 지능이 높다고 인정해주어야 한다.

"해야 할 공부는 안 하고 산만하기 그지없어요. 하루가 멀다

하고 방의 물건들을 이리 옮겼다 저리 옮겼다 하고 책상도 이리 놓았다가 저리 놓았다 요란을 떨어요. 매일매일 환경을 바꿔서 걱정이에요. 혹시 정서 불안은 아닌가요?"

무언가에 집중하기 전에 환경에 민감한 사람이 있다. 걱정할 필요 없다. 머리가 좋아서 그런 것이다. 공간 지능이 뛰어나서 그렇다.

유난히 말하기 좋아하고 질문하기를 좋아하는 사람이 있다. 상대방 대답이 끝나기가 무섭게 또 다른 질문을 이어간다. 귀찮을 정도로 질문하고 말하기를 좋아한다면 눈에 거슬려서 억제하고 통제하려고 할 것이다. 그러나 대체로 그들은 언어 지능이 뛰어난 사람이다. 만약 당신이 그렇다면 아나운서나 변호사 등으로 장점을 키워보는 것도 좋다.

"네 일이나 신경 써. 왜 남의 일에 그렇게 참견이 심하냐?"

상대방의 감정이나 의도를 빨리 파악하고 대처하는 사람이 있다. 남의 일에 잘 끼어드는 경우는 대인관계 지능이 뛰어나기 때문이다. 타인이 느끼는 기분, 의도, 감정 등을 지각하고 구분할 수 있는 능력으로 개그맨이나 공동체 대표 등으로 재능을 발휘할 수 있다.

철학자 소크라테스Socrates는 "너 자신을 알라"고 했다. 자신의 내적 측면에 대한 지식, 자신에 대한 객관적 이해와 통찰력이 뛰어난 경우는 자기이해 지능이 뛰어나다고 할 것이다.

유난히 강아지를 좋아하고 해변에서 조개를 찾아 종류별로 분류하여 간직하려는 사람은 자연이해 지능이 높아서 앞으로 환경운동가나 자연학자가 될 가능성과 재능이 있다.

사람이 왜 사는가. 왜 죽는가. 우리는 어디에서 왔고 어디로 가고 있는가 등의 질문을 하는 사람. 오감을 초월한 질문으로 일관하는 이들은 영성 지능이 뛰어나다고 말한다. 그들은 창의성이 뛰어나며 규칙이나 상황을 바꿀 수 있는 창조적 능력을 보유한 경우가 많다.

어떤가. 자신이 약점이라고 여긴 것들이 강점으로 작용되고 재능으로 발휘될 수 있다는 점이 놀랍지 않은가. 공부만 잘하는, 단순 지능이 뛰어난 사람보다 다중 지능이 높은 사람들이 훨씬 더 큰일을 이뤄낼 수 있다. 눈에 띄는 몇 가지 능력만으로 다양한 능력을 제한해서는 안 된다. 잘하고 있는 부분, 좋아하고 집중하고 있는 부분을 충분히 개발해준다면 잘하지 못하는 부분에서도 능력을 발휘하게 된다. 자신을 바라보는 관점이 재능을 더욱 발달시키고 유능하게 만든다. 아무리 좋은 비전이 있더라도 체질적으로 습득이 된 사람과 그렇지 않은 사람은 실제 성과를 만드는 데 엄청난 차이를 보인다.

비전을 이루는 마음가짐

비전은 목표 지향적인 행동의 출발점이 된다. 그러나 가슴 깊은 내면에서 공유되지 않은 비전과 목표는 결국 꿈으로 끝나고 만다. 따라서 명확한 비전과 도전적인 목표를 공유하여 진취적으로 정진할 때 자신의 가치도 높아지며 변화도 성공할 수 있다. 그렇다면 어떤 마음을 갖춰야 비전을 잘 공유할 수 있을까.

첫째로는 긍정의 마인드로 마음의 문을 열어야 한다. 기원전 3세기경, 지구촌에는 대규모 토목공사가 두 군데에서 진행됐다. 한쪽은 진나라의 만리장성이었고, 다른 한쪽은 로마의 가도 공사였다. 둘 다 대규모 공사였지만 만리장성으로 외부와 담을 쌓은 진나라는 곧 멸망했고, 길을 낸 로마는 천년제국을 이뤘다. 변화와 혁신을 하는 사람들의 공통점은 열린 마음으로 세상과 소통하고 있다는 것이다.

머릿속 목표와 내면의 비전이 스펀지처럼 젖어들어야 습관으로 몸에 배게 된다. 한없이 노력하는 자세로 머리와 가슴을 일치시켜야 한다. 하루의 계획을 세울 때, 새해 목표를 세울 때도 끊임없이 머리와 가슴이 소통하여 긍정적인 시너지 효과를 내야 한다. 변화가 두려운 청춘, 소통을 게을리 하는 젊은이에겐 미래가 없다. 실수에서 배우며, 삶의 방식을 비전에 맞게 개선하는 마인드가 중요하다.

둘째로는 열정적인 믿음과 신념을 갖는 것이다. 대제국을 건설한 칭기즈칸이 후손들에게 경고했다.

"비단옷을 입고 벽돌집에 사는 날 제국은 멸망할 것이다."

안타깝게도 몽골 제국의 후대 지도자들은 이 충고를 끝내 지키지 못했다. 그들은 몽골족 특유의 수렵과 유목 정체성을 버림으로써 몰락의 길을 걷게 되었다.

무엇보다 중요한 것은 남들과 다른 시각으로 삶을 바라볼 수 있어야 한다. 남들이 당신에게 재능이 없다고 말하더라도 스스로 격려하고 목표가 높은 곳을 향하도록 시선을 고정해야 한다. 무한한 잠재력을 이끌어내기 위해서 자신이 변해야 한다. 그러려면 날마다 내면에 감동을 주는 메시지가 필요하다. 자긍심과 자존감을 높이는 말로 자신을 보듬고 격려하길 바란다.

마지막으로는 절박한 심정으로 대의를 우선해야 한다. 얼마전에 타계한 스티브 잡스는 "항상 배고프고 바보처럼 살아라"라고 했다. 항상 배고프다는 의미는 무엇인가. 무엇을 하든지 '하늘이 감동할 정도로 몰입하는 것'이다. 하늘이 감동할 정도로 몰입한다는 것은 어떤 의미인가. 바로 절박함으로 다가가는 것이다. 배고플 때의 절박함보다 강한 것은 없다. 사람은 3일만 금식해도 눈에 보이는 것이 모두 먹을 것으로 보인다. 배고프다는 의미는 절박함으로 사물을 바라보는 것이다. '하늘은 스스로 돕는 자를 돕는다'는 의미는 바로 자신에게 절박함으로 다가서는 것을 의미한다. 큰 성공을 이루고 싶다면 현실에 만족하는 것이 아니라 미래의 위기를 예견하면서 절박함으로 접근해야 한다.

좋아하는 일 하면서 먹고산다는 의미는 바로 절박함으로 사물을 바라보는 것을 즐겁게 생각하는 것이다. 또한 '바보처럼 살아라'는 의미는 상상력과 창의력을 가지라는 의미가 아니겠는가. 역사적으로 위대한 발명과 혁신, 발견을 이룬 사람들은 하나같이 동시대인들에는 인정받지 못한 창조적 발상의 소유자였다. 그들은 한때 바보 같은 생각을 한다고 손가락질 받고, 심지어는 기득권 세력에 핍박을 받기까지 했다. 그러나 그들의 창의적 도전은 기존의 생각과 관습, 관행과 제도 등에 속박받지 않았기 때문에 시대의 벽을 깨트리는 파괴력을 발휘할 수 있었다. 왜 기존의 것들에 속박받지 않았을까. 그 일을 진정으로 좋아했기 때문이다. 적극적 창의성을 갖추고 사물을 바라볼 때 미래를 주도할 영역이 보이는 것이다.

변덕은
청춘의 특권이다

자신을 미워하지 마라, 청춘은 돌아서도 된다

"한 우물을 파야 성공한다고 하는데 왜 저는 이렇게 변덕이 심할까요?"

청년들을 상담하다 보면 변덕이 심해서 진로를 정하지 못한다고 고민하는 이들이 많다. 이제는 전문가 시대인데 왜 갈팡질팡 뜻을 정하지 못하고 헤매는 것일까. 자책하고 방황한다. 진득하게 끝까지 최선을 다해 승부를 봐야 하는데 번번이 하고 싶은 일이 바뀐다.

하지만 명심하라. 변덕은 청춘의 특권이다. 매사에 유연하고 가능성이 열려 있다는 말이다. 마음과 생각이 한 곳에 머물러 고정된 사람은 변화할 수 없다. 배우고 성장하는 폭이 한정되기 때문이다. 희망 진로가 바뀌는 내면의 현상을 자연스럽게 받아들이길 바란다. 당신은 다른 사람의 말에 경청할 준비가 되어 있는 사람이고, 세상을 긍정적으로 보는 마음밭을 가진 자다. 아무것도 하고 싶은 일 없이 낙담하고 사회의 부조리를 탓한다면 기성세대와 다른 점이 무엇이 있겠는가. 의지와 열정이 없으면 변덕도 없다. 이런 태도와 기질은 젊음의 상징이자 특수성이다.

그런데 주위의 시선과 반응은 곱지 않다.

"쯧쯧. 이랬다저랬다 도대체 뭐가 되려고 저러는지."

물론 젊었을 때 마음이 변해서 실수는 할 수 있지만, 인생 전체로 보면 치명적인 잘못은 아니다. 실수와 잘못을 구분하지 못하는 어른들의 고정관념에 청춘들은 아파하고 상처받는다. 훌훌 털어버려라. 특권은 누리는 사람의 권리다.

환경에 따라서 도전하고 적응해나가는 것이 청춘이다. 스스로 마음의 변덕이 심하다고 자책할 필요는 없다. 올곧게 한마음을 가지면 좋겠지만 조변석개_{朝變夕改}로 흔들리기도 하는 것이 청춘이다. 독일의 시인 괴테_{Goethe} 는 가장 유능한 사람은 부단히 배우는 사람이라고 했다. 배우는 것은 능력을 기르는 최선의 방법이다. 변덕을 통해서 청춘은 인생을 학습한다. 다만 스스로 변덕쟁이라고 자책하고 비하하지 않고 그때그때 배움의 기회로 삼는다면 이는 청춘의 특권이다. 변덕이 심하다고 낙심할 필요 없다. 청춘은 원래 변덕쟁이다. 그만큼 순수하여 경험이 적기 때문이다. 가보지 않은 길을 가다가 아니라고 생각되면 돌아서면 된다. 장년은 돌아설 수가 없다. 청춘은 돌아서도 된다.

인간은 학습에 의해서 능력을 얻게 된다. 변덕을 능력의 기회로 삼으려면 먼저 스스로 좋은 평가자가 되어야 한다. 질풍노도의 청춘을 진정시킬 수 있는 힘은 오직 자신의 내면에 있다. 외면의 자아와 내면의 자아가 있음을 깨달아야 한다. 외부 환경이 어렵고 힘들 때 마음속 자아가 평안함을 주도록 숨고르기를 해보자. 타인과의 소통만 중요한 게 아니다. 외적인 자아와 내적인 자아의 원만한 관계가 이루어져야 마음의 안정을 얻을 수 있다. 보이지 않는 내면의 자아가 긍정의 평가자로 서 있을 때 자존감이 높아진다.

우리 모두는 인정받고 싶은 욕구가 있다. 학교나 직장에서 칭찬받고 싶은 본능은 누구에게나 있다. 청춘의 변덕은 어쩌면 두자아의 줄다리기일지도 모른다. 하고 싶은 일과 할 수 있는 일과의 부딪힘일 수도 있고, 꿈과 현실 사이에서의 갈등일 수도 있다. 매 순간 노력하고 고민한 흔적이 있다면 당장 결과가 보이지 않아도 인생의 빛나는 발자국으로 남는다. 인성이 형성되는 청춘 시기에는 비판하기보다는 격려해주고 위로해주는 따뜻한 자아가 발달되어야 한다.

사람들은 더 좋은 제품을 만들기 위해서 수많은 변화를 시도하고 도전한다. 우리 인생이야 당연히 우리 자아가 갈등하게 되고 변덕을 부린다. 명심하라. 변덕은 청춘의 특권임을. 그러므로 당초 도전했던 길이 아니면 또 다른 길이 반드시 있다. 누군가 변덕이 심하다고 해도 그런 말에 휘둘리면 안 된다. 변덕쟁이들이 이 세상을 발전시키고 인류 문명을 진화시켜왔다. 왔던 길이 잘못되어서 후회스럽고 통탄스러운가. 그러나 다른 길을 찾았으면 후회하지 말고 새롭게 찾은 길을 뚜벅뚜벅 걸어가면 된다. 변덕 때문에 눈물을 참지 마라. 변덕은 청춘의 특권이기 때문이다.

시작하는 습관 기르기

'저는 늘 실행력이 부족합니다. 셀프마케팅을 하라 하셨고, 그 시작은 자신감으로 시작된다 하셨는데, 저는 실행력이 부족하

여 자신감이 실종되기도 합니다. 그럴 때에 실행력을 높여 자신감을 고양시키는 방법이 있으신지요.'

'저는 늘 작심삼일로 변덕이 심하여 앞으로 성공할 수 있을지 고민이 됩니다. 어떤 때는 뭐 하나 일관성 있게 이룬 것이 없어 너무나 우울합니다. 유학을 갈까. 창업을 할까. 직장생활을 어디까지 할까. 마음의 변덕이 심해서 힘듭니다. 어떻게 해야 하지요.'

내 강의를 들은 청년 중 많은 이가 이런 고민을 나에게 보내온다.

청년들은 실행력이 부족한 것이 자신에게 국한된 것으로 착각한다. 이 세상 대부분의 사람은 다 실행력이 부족하다. 다만 지독한 실행력을 발휘해 위대함을 이룬 사람들이 있다. 이들은 삶의 경륜을 통해서 실행력의 습관을 터득한 사람들이다. 그러나 청춘들에게 실행력의 부족은 당연하다고 본다. 계획을 세워서 실행하지 못했다고 자신감을 잃을 필요가 없다. 실행력이 부족한 이유는 간단하다. 실행의 에너지로 작용하는 열망이 약해서다. 무엇을 이루고자 하는가. 이것이 실행의 포기보다 마음에 강하게 매력을 줄 때 힘들어도 실행하게 한다. 실행이 안 됐다고 과거를 붙들고 후회만 하면 이것 또한 습관이 된다. 작은 일부터 쉬운 일부터 하나씩 실행해나가는 습관을 키우면 된다.

눈물을 참고 있는 그대에게

인생은 학교다. 인생을 통하여 지혜를 얻고 삶의 방식을 터득하게 된다. 지식을 얻기 위해 학교에 가지만 더 큰 학교는 우리의 삶이다. 살아가면서 깨달음이 있을 때 배우는 것이다. 나는 인생이라는 학교에서 '변덕은 청춘의 특권이다'란 사실을 배웠다. 학자가 될까. 사업가가 될까. 직장생활을 통해서 CEO가 될까. 내가 사귀는 이성친구가 평생의 배우자로 적합할까. 나도 청년기에는 많은 갈등과 변덕스러운 마음으로 혼란했었다. 그런데 인생이라는 학교가 청춘에게만 주는 특권이 변덕이라는 것을 깨달았다. 변덕스러운 마음 때문에 힘들어한다면 그 또한 잘하고 있는 것이다. 자신을 절제라는 틀로 잘 관리할 수 있는 방법을 함께 터득하면 된다. 젊은 시절의 실수와 변덕들이 나중에는 큰 힘이 된다. 물론 할 수만 있다면 일관성 있게 열망하는 목표를 붙들고 앞으로 정진하는 것이 좋다. 그런데 쉽게 잘 안된다고 후회하고 자신을 미워할 필요가 없다.

변덕 때문에 상처받았다면 눈물을 참지 말고 펑펑 울어라. 그러나 변덕은 청춘의 특권임을 명심하여 새 희망을 가져야 한다. 우리 마음도 격려와 위로와 자신감을 줄 때 상처가 아물고 튼튼해진다. 이런 감정들로 힘들다면 배움의 과정에 있는 것이니 잘하고 있는 것이다.

말하는 대로, 생각한 대로

흔히 SKY라고 불리는 대학을 다니는 청년이 있다. 외모도 준수
하고 집안도 등록금 걱정은 하지 않는 상태니 남들이 부러워할
만한 젊은 인재다. 그런 그가 얼마 전 나를 찾아와 깊은 고민을
털어놓았다. 강남의 명문 고등학교를 나왔는데, 자신은 공부 잘
하는 아이들만 모아놓은 특별반이었다고 했다. 20대 후반이 된
지금 자신은 아직도 직장을 못 구하고 수년째 자격증 시험에 도
전 중인데, 동창회에서 의사 친구, 대기업에 다니는 친구들을

보면 열등감과 자괴감이 든다는 것이다. 기가 막힌 노릇이다. 공부 잘하는 아이들을 따로 모아 반을 만들어야 하는 공교육도, 또 모였다 하면 자신이 어떤 사람인지를 뽐내고 싶어 하는 인간의 속성도, 그 속에서 비교하느라 자신이 가진 것을 도무지 바라보지 못한 채 낙심해버리는 청춘들도 모두 안타깝다.

갤럽에서 오래 일한 마커스 버킹엄Marcus Buckingham은 "성공은 경험에서 오는 것이 아니라 자기 인식에서 결정된다"라고 했다. 왜곡된 자아로 자신을 비춰보면 어떤 일도 제대로 해낼 수 없다. 시작도 하기 전에 의지가 꺾이고 결과에 대해 비관하게 된다. 객관적인 눈으로 자신을 평가하는 자세는 물론 중요하다. 그러나 객관성을 유지하는 일과 비교를 하는 것은 다르다. 흔히 비교의 기준은 학력이나 경력 같은 스펙, 집안과 외모라는 통상적인 준거다. 그런데 이런 기준으로 자신을 남과 비교하다 보면 좋은 인성마저 피폐해진다. 내가 무엇을 잘하고 좋아하는지부터 성찰이 이뤄져야 하는데, 남보다 부족하고 열등한 게 무엇인지부터 생각하게 된다. 남과 비교하면 어둡고 소모적인 자의식만 쌓여간다. 젊었을 때부터 비교의 칼을 차고 인생을 살다 보면 늘 패배감에 사로잡힌다. 지금 당신의 모습이 그렇다면 비교의 칼을 거두고 새로운 자아에 접근해야 한다.

르네상스 시대의 유명한 조각가이며 화가, 건축가, 시인이었던 미켈란젤로Michelangelo는 자기가 조각할 대리석을 보면서 중요한 말을 남겼다.

"나는 대리석 안에 있는 천사를 보고 천사가 자유로워질 때까지 조각해나갔다(I saw the angel in the marble and carved until I set him free)."

미켈란젤로는 차가운 대리석 안에 숨겨진 천사를 보고 천사가 완성될 때까지 대리석을 조각해나갔다고 한다. 현재 자신의 모습을 바라보면 답답할 때가 있을 것이다. 천사는커녕 전혀 변하지 않을 것 같은 대리석만 눈앞에 나타나기 때문이다. 투박한 돌덩이를 생각하면 숨이 턱 막힌다.

그러나 시간은 흐르는 게 순리다. 중요한 건 스스로 자기 안에 천사가 있다고 믿고 열심히 조각을 해나가는 자세다. 다른 사람의 천사가 먼저 보인다고 불안해하거나 그 형상에 의기소침할 필요가 없다. 세상 모든 사람이 품고 있는 천사는 그들의 얼굴 생김새처럼 제각각이다. 똑같은 모습이 단 하나도 없다. 크기도 모양도 색깔도 완성되는 시기도 모두 다르다. 이 진리를 알면 비교의 칼로 자신을 찌르는 비극은 일어나지 않는다.

눈물을 참고 있는 그대에게

자기 충족적 예언

하버드대학교의 교육학 교수인 로버트 로젠탈Robert Rosenthal과 레노어 제이콥스Lenore Jacobson는 샌프란시스코의 한 초등학교에서 새 학년으로 올라가는 전교생 650명을 대상으로 지능검사를 실시했다. 그리고 무작위로 20%의 학생을 선발해 실험을 했다. 이들의 담임을 맡게 된 교사들에게 검사 결과 이들이 전교생 중에서 지능이 뛰어나며 학업 성취 가능성이 매우 높다고 이야기했다. 물론 실제로는 지능이 높지 않았다. 그런데 놀랍게도 8개월이 지난 후 무작위로 선발한 20%의 학생은 성적에서 두각을 나타내고 다른 학생들과의 관계도 좋았다.

교사들은 이 아이들이 실수를 하여도 가능성이 많은 학생이기에 또다시 기회를 주고, 잘 모르는 것은 오히려 더 자세하게 설명해준 덕분이었다. 결국 자기 충족적 예언self-fulfilling prophecy이 작용한 것이다. 평범한 학생을 우수하다고 정의하는 순간 아이의 학업성취도는 높아지고 교우관계는 활발해졌다.

남보다 자신이 못하다고 여기는 비교가 있는가 하면 반대의 경우도 있다. 강점을 높이 평가하면 된다. 다른 사람보다 뛰어난 점을 찾는 긍정적인 비교도 있다는 말이다. 약점에 초점을 맞추면 피해의식에 젖어 무기력해진다. 강점을 찾아 살리면 행복하고 생산적인 삶을 살 수 있다. 생각을 바꿔라. 새롭게 접근하면 오늘과 다른 내일이 당신을 기다리고 있다. 잠들어 있는 천사가 당신 앞에 나타날 것이다.

그러므로 비교의 덫에 빠지지 않으려면 우선 냉정해야 한다. 감성이 풍부한 청년들은 눈에 보이는 현상과 이슈에 민감하게 반응한다. 자신에 대해서도 객관적인 시선을 유지해야 발전이 있다. 합리적인 눈으로 세상을 바라보는 훈련이 필요하다.

세상은 잘생기고 훤칠하고 화려한 스펙을 가진 사람들에 환호한다. 그러나 스펙은 상대적이다. 학력 콤플렉스를 예로 들어보자. 지방대에 다니는 학생은 서울에서 학교를 다니는 학생을 부러워한다. 서울에 있는 대학생들은 그 안에서 학교 서열을 비교해 소위 명문대 학생들 앞에서 기가 죽는다. 명문대 학생은 미국의 아이비리그나 해외 명문대를 졸업한 유학파에 열등감을 가질지 모른다. 비교의식은 먹이사슬처럼 꼬리에 꼬리를 문다. 한 인간을 둘러싼 조건과 환경에 대해 이런 식으로 생각한다면 얼마나 피곤하겠는가. 이럴 시간에 맡은 일에 집중하고 미래를 계획하는 편이 현명하지 않겠는가.

우리가 잘 아는 존 록펠러John Rockefeller는 43세에 미국에서 최고 부자가 되었고, 53세에 세계 최대 갑부가 되었다. 하지만 55세에 불치병으로 1년 이상 살지 못한다는 사형선고를 받았다. 그동안 돈을 모으는 데 몰입하여 남이 가진 부와 비교하여 온갖 스트레스가 누적된 탓이었다. 교회 목사님이 그에게 이렇게 말했다.

"이제 모든 것을 내려놓으시지요."

이 이야기를 듣고 록펠러는 최고 부자라는 비교의식을 내려놓고 남은 1년 동안 모은 재산을 의미 있게 쓰고 죽자는 생각을 했다. 가는 곳마다 고아원을 세우고, 도서관을 세우고, 연약한 자를 돕는 일을 했다. 신비하게도 그의 내려놓음과 열정은 부와 명예와 건강을 다시 가져다주었다. 많은 사람에게 존경을 받았고, 장수를 누리다 98세에 죽었다. 그가 스스로 쳐놓은 비교의 울타리를 벗어나는 순간 자유로움과 건강함을 회복한 것이다. 우리도 비교의 관점을 다르게 함으로써 변화와 성장을 이뤄낼 수 있다. 비교의식을 버리면 항상 길이 있고 빛이 있다.

우리의 삶은 비교의 칼로 자신을 절망의 덫에 걸리게 하면 안 된다. 지금은 어둡지만 빛은 존재하고 있다. 빛이 존재하는 바깥을 바라보는가, 아니면 지금의 어두움에만 몰입하는가. 눈물을 참는 그대에게 비교의 칼을 거두고 희망의 닻을 올리기를 기대해본다.

'내'가 주체가 되어 사는 삶

위대한 일들을 이룬 많은 성공자의 공통점은 '한결같은 꿈이 있다'는 것이다. 이들은 이루고자 하는 것들에 대한 명확한 비전과 목표가 있다. 보통 사람들이 캄캄한 곳에 있다고 좌절할 때 이들은 좌절을 넘어서 기다리고 있는 행운의 빛을 바라본다. 남의 잣대가 아닌 '내'가 주체가 되어 살아간다. 남의 잣대에 휘둘리다 보면 자신감을 상실하고 지치고 좌절하기 쉽다. 모든 성공의 첫걸음은 꿈을 갖고 나에 대해 몰입하는 것이다.

한 번뿐인 인생 정말 잘 살고 싶은가? 자신을 객관적으로 살피고, 남을 잘 설득하면 된다. 설득은 소통이고 커뮤니케이션 능력이다. 어떻게 설득하고 이해시켜야 할까. 최고의 설득 도구는 무엇인가. 성공한 사람들의 공통점은 학력도 재물도 배경도 아니다. '만나는 순간마다 상대방을 완벽하게 설득해내는 능력'이다.

숱한 사람을 만나면서 나는 기성세대의 잘못된 인식이 청년들의 생각의 틀을 꽁꽁 묶고 있음을 발견한다. 큰 성장을 가로막고 상상의 날개를 펼 수 없게 만든 것을 본다.

한 청년이 연구실로 진로 상담차 찾아왔다. 그 젊은이는 강남 최고 부유층 자녀였지만 부모에 대해서 부정적인 마음으로 가득 차 있었고, 부모의 삶의 방식을 완강하게 거부했다. 자신은 남에게 베푸는 삶, 착한 일 많이 하고 살고 싶은데 부모는 좋은 스펙을 갖추는 데 힘을 쓰라고 날마다 구박하기 때문에 마음이 늘 불안하다고 했다.

나는 상한 마음을 위로하고 부모의 사랑을 이해하지 못하고 있음을 설득했다. 부모가 딸의 좋은 스펙으로 무슨 영달을 얻겠는가. 다만 공부를 할 수 있는 시기에, 그리고 젊은 시기에 이왕이면 스펙까지 잘 갖추기를 원하실 거라고 말했다. 2주 뒤에 그 청년은 부모님과 식사를 같이 하자는 내 제안에 흔쾌히 동의했다. 부모에 대한 믿음의 창이 조금은 열린 것 같다고 털어놓았다.

그렇다. 공부 잘하라고 강요하는 것보다 스스로 수용하게 만드는 일이 얼마나 어려운가. 그러나 우리 자신이 설득의 도구가 되겠다고 결심하면, 강요하기 전에 그를 사랑하게 되고 이해하게 될 것이다. 강요에 의한 수긍은 오래가지 못한다. 마음에서 우러난 수용과 그것으로 터득한 지혜는 오래가는 힘이 있다.

라비 재커라이어스Ravi Zacharias는 『위대한 장인』이라는 책에서 "인생은 퍼즐 조각과 같다. 전체의 윤곽을 보지 않고서는 각 부분을 이해하기 어렵다"고 말한다. 혹시 우리는 단편적인 부분을 갖고서 미래를 속단하고 있지는 않은가.

유대인에게 전승되어 내려오는 탈무드는 아이들에게 율법과 제도를 강요하는 것 같지만 어려서부터 삶에 대해서 성찰하고 스스로 삶의 자세를 겸비하여 수용하도록 가르치고 있다. 다시 말해서 부모가 살아 있는 교과서인 셈이다. 부모가 삶으로 가치관을 가르친 덕분에 유대인은 전 세계 인구의 0.2%에 불과한 소수민족이지만, 그 어떤 민족보다 가장 많은 창조적 인재를 배출했고 세계 역사를 지배해왔다.

어떤가. 객관적으로 보기에 가장 강력한 설득 도구인 '나'를 통하여 바른 삶의 모습이 조명되도록 날마다 노력해보지 않겠는가.

빌 게이츠Bill Gates의 재산은 대략 800억 달러(약 85조 원)가 넘는다고 한다. 만약 그들 부부가 1년에 1억 달러씩 쓴다면 800년 걸리고 이자까지 합산하면, 거기에 수백 년을 덧붙여야 한다.

"그런데도 그는 왜 매일 일을 할까?"

스티븐 스필버그Steven Spielberg의 재산은 대략 37억 달러(약 4조 4,000억 원)다. 빌 게이츠만큼 많지는 않지만, 한평생을 편하고 사치스럽게 보내고도 남을 만한 재산이다.

"그런데도 왜 그는 쉬지 않고, 한 작품이 끝나면 다음 작품으로 곧바로 뛰어드는 것일까?"

우리는 부자를 동경한다. 부를 얻기 원하고 안락한 생활을 꿈꾼다. 하지만 큰 부를 이룬 사람의 삶은 부를 얻기 전이나 후가 다르지 않다. 부를 소유하기 전처럼 열정적이고 성실하게 살아간다. 무엇보다 겸손하다. 이유가 무엇일까. 냉정하게 자기를 관리하고 흐트러지지 않기 때문이다.

돈이 생겼다고 사람이 달라진다면 결코 부를 오래 누릴 수 없다. 좋은 관계가 끊어지고 사람이 떠나간다. 전 세계적으로 로또에 당첨된 사람들이 행복하지 않은 이유다. 벼락부자가 된 사람들의 공통점은 지금까지의 삶과 전혀 다른 삶을 살면서 사람이 변한다는 데 있다.

돈의 잣대로 사람을 비교하면 언젠가 같은 처지에 놓인다. 신분의 높낮이에 관계없이 한결같은 사람. 그 기품을 유지하는 비결은 비교의 칼을 거두는 일이요, 자신도 타인도 절대적인 존재와 가치로 인정하는 일이다.

세상에 공짜는 없다. 운도 그렇다. 야구에서 '9회 말 투아웃 역전'도 준비된 팀에만 선물로 주어진다. 행운은 '준비가 기회를 만났을 때' 나타난다. 준비한다고 다 성공하는 것은 아니지만 적어도 준비가 되어 있다면 기회가 왔을 때 놓치진 않는다.

어찌할 수 없는 고난이 힘겨운 이에게
_ 고난을 인정하라

때로 '생산적이지 않은 힘듦'에 휩싸이게 되는 때가 있다.
도전하고 노력하기에 인내하는 힘듦이 아니라 생의 고비마다
주어지는 막연한 삶의 고통들.
실수에서 비롯된 실패와 자책들. 사람과의 관계에서 받는 상처들.
그저 당신에게 넘겨진 수많은 고난 속에서
'왜 내게만 이런 일이 생길까'라고 자문하게 될 때면
어떤 위로도 와 닿지 않는다.

나는 친구와의 갈등으로 공연히 힘들었다.
나는 아버지와의 갈등으로 숱한 젊은 시절의 황금 같은 시간들을 힘들어했다.
나는 상사와의 갈등으로 힘들었다.
나는 가난과의 갈등으로 힘든 시간을 보냈다.
나는 생산적이지 못한 아무런 의미 없는 갈등으로 힘들었다.
나는 친구와의 갈등을 통해 친할수록 예의가 필요함을,
나는 아버지와의 갈등을 통해 조건 없는 부모 공경을,

나는 상사와의 갈등을 통해 같은 배를 타고 있음을,

나는 가난과의 갈등을 통해 희망이 가난을 이길 수 있음을,

나는 생산적이지 못한, 의미 없는 갈등을 통해 인생의 의미를 배웠다.

고난도 삶의 한 면이며, 행복도 삶의 한 면일 뿐이다.

한 번의 고통도 없이 이루어지는 생은 없다.

생의 한 면 한 면이 고통으로 이루어진다는 것을 받아들이고

의미 없게 느껴지는 힘듦 속에서도 겸손히 자신을 사랑해야 한다.

그러면 고난을 삶의 자양분으로 삼을 수 있다.

고난을 인정하라. 영원한 슬럼프는 없고, 삶은 리모델링된다.

계절은 반드시 지나가고 고통의 시간도 언젠가는 기억이 된다.

고통도 살아 있음에서 비롯되는 특권인 것이다.

피해야 할 것은 망연자실해지는 것이다.

누구에게나 역경은 힘들다. 그러나 역경은 자신을 단련시키는 최고의
찬스다. 고통 속에서 망연자실해지는 것을 피하고 소망을 놓지 않는다
면 힘듦이 언젠가 당신의 삶을 더 아름답게 할 것이다.

흔들리는 그대에게 건네는 편지

2장

지금 힘들다면
잘하고 있는 것이다

세상에 완벽함은 없다.
완벽한 실패, 완벽한 절망도 없다.
벼랑에 선 자신을 관망하고 관조하자.
그리고 괜찮다고 말해보자.

순간의 편안함은 때때로 독이 된다

몇 년 전 일본 NHK에서 방영된 한국과 일본의 경제협력에 관한 토론회에 경제전문가로 초청되었던 적이 있다. 그때 사회자의 말 중 기억에 남는 이야기가 있다.

"일본의 젊은이들은 더 이상 도전하지 않습니다. 프리터 족이니 은둔형 외톨이니 하는 문제가 아닙니다. 그들은 더 이상 성공하고자 하는 의지도 없고, 더 이상 노력해야 한다는 당위에 동의하지 못합니다. 전액 지원금으로 교환학생을 보내준다고 해도 아무도 가려고 하지 않습니다. 전 선생님은 이런 현상을 어떻게 보십니까?"

기성세대인 나로서는 끝없이 노력하고 절제하며 정진해야 하는 것이 당연하다고 생각해왔던 명제다. 그런데 요즘 세대는 이런 명제가 옳은가 자체에 근본적인 회의를 안고 있는 것 같다. 내 인생은 왜 이리 힘든 것일까, 왜 인생은 이토록 의미 없고 고단한 일의 연속일까 하는, 흔한 자기연민 말이다. 연민이 뿌리를 내리면 결국 '힘들게 살 필요 없어, 그저 편하게 행복하게 살면 돼'라는 결론으로 이어진다. 결론을 내리고 나면 그다음은 쉽고 편하다. 힘든 일은 포기하고 자기 몸에 맞는 것만 하게 되는 것이다. 물론 행복은 순간순간에 놓여 있다는 것에 전적으로 동의한다. 그러나 삶에서 힘든 일을 내려놓고 편안하게 쉬고 싶다고 말하는 그들에게 이러한 말을 해주고 싶다. 순간의 편안한 선택이 삶을 더 힘들게 만드는 독일 수 있다고.

가난한 농촌에서 홀로 서울로 올라와 학비를 벌어가며 대학 생활을 해야 했던 나의 학창시절은 지금 돌이켜보면 참으로 아프고 힘들었다. "고등학교까지 공부시켜줬으면 됐다"며 경제적 지원을 전혀 해주지 않는 아버지 아래서 나는 스스로 학비와 생활비를 벌고 장학금으로 공부해야만 했다. 등록금 걱정과 생활비 걱정에 책 한 권도 마음껏 사보지 못했던 그때 그 시절을 생각하면 지금도 마음이 애잔하다. 정신적 지주였던 어머니마저 돌아가시자 '왜 나에게는 이토록 역경이 가득한가'라고 원망하며 서럽게 울었던 기억이 난다. 주저앉고 싶을 때마다 '내 자식들에게만큼은 책값 걱정 없이 마음껏 공부할 수 있는 환경을 만들어주고 싶다'고 다짐하면서 '지금의 역경이 지나가면 밝은 빛이 올 것이야'라고 되뇌었다. 그 힘든 순간의 다짐이 훗날 내게 보약이 되어 삶을 풍요롭게 만들었다.

지금 힘든가. 일이 잘 풀리지 않아 괴로운가. 지금 힘들다면, 괴로워서 울고 있다면 그건 아름다운 미래를 향한 아름답고 가치 있는 일이라고 생각해보면 어떨까. 위대함과 행복은 힘든 문을 통과해야 하는 법이다.

역경 없는 위대함은 없다

러시아의 문호 톨스토이Tolstoy는 '역경 없는 위대함은 없다'라고 하였다. 역경을 거치지 않은 사람들은 작은 시련에도 주저앉는다. 역경을 경험한 사람은 학습이 되어서 큰 시련도 이긴다. 그러나 온실에서 자란 나무처럼 역경 없는 삶은 자만으로 이어지고 인생의 풍랑을 만나면 감당할 수 없게 된다. 그러므로 역경 없는 인생은 오히려 독이 될 수 있다.

직장인으로, CEO로, 대학교수로 다양한 분야에서 수많은 젊은이와 직장인을 만났다. 그러면서 깨달은 것은 역경 속에서도 성실하게 살면서 힘들어하는 사람은 분명 발전한다는 사실이다. 젊은 시절 꿈 때문에 힘들어하고, 인내를 요구하는 지독한 공부 때문에 힘들어하고 있다면, 이는 잘하고 있다는 신호다. 젊은 시절 고생한 경험이 없는 사람에게 위대함은 발견되지 않기 때문이다. 그저 쾌락과 즐거움만을 쫓아가다 보면 결국 나이 들어서 잘못 살았다고 후회 막급하게 된다.

나는 선택의 기로에 서 있는 청년들에게 항상 힘든 길을 선택하라고 주문한다. 그곳에는 반드시 보상이 있다. 광야를 지나면 축복이 펼쳐지기 때문이다. 지금 힘든가. 그렇다면 잘하고 있다고 스스로 격려해주기 바란다. 지금의 힘듦은 미래의 나를 안전하고 행복한 삶으로 인도해주는 필수 관문이다.

그대로 받아들이기

40대 후반의 지인이 암 진단을 받았다. 승승장구하던 그는 청천

벽력 같은 암 선고에 충격을 받아 가족 면회는 물론 항암 치료
도 거부했고 성격도 매우 난폭해졌다. 이에 가족들이 내게 연락
을 했다. 가족들에게 욕을 하고 아무도 안 만나던 지인은 내가
왔다는 소식에도 아무런 대답이 없었다. 우여곡절 끝에 30분가
량을 만나고 돌아왔는데, 나와의 만남 이후 지인의 태도가 부드
러워지고 사람들도 만나고 항암 치료도 받겠다고 한다면서 무
슨 이야기를 했냐고 물었다. 나는 이렇게 대답했다. 지인을 붙
들고 같이 엉엉 울다 나왔다고. 아무 말 안 하고 울고만 나왔다
고. 사실 너무 안타까워서 저절로 눈물이 났다. 진심으로 함께
슬퍼했다.

　그러자 그가 바뀌었다. 자기 일처럼 안타까워하는 나의 모습
에 지인은 재수 없게 암에 걸렸다고 불평하던 생각을 바꾸어 현
실을 받아들기로 한 것이다. 자신을 절대 포기하지 않고 지금의
상태를 있는 그대로 받아들이면서 강한 의지로 회복의 자존감
을 다시 찾았다고 한다. 회복된 자존감. 얼마나 다행이고 감사
한지 모른다. 인생의 길목에서 휘청거릴 때 '남들처럼'이 아니
라 '나답게' 스스로를 찾아내고 인정하고 지켜나가는 것이다.

　430년 동안의 식민지 생활에 익숙해 있던 이스라엘 백성들을
이끌어 포로에서 해방시킨 지도자 모세가 그의 평생의 여정을
정리하면서 후손들에게 유산으로 물려준 것이 바로 십계명과

여호와 하나님이었다. 그 후손들은 여호와 하나님의 인도하심을 바라고 역경과 어려움이 오더라도 담담히 이겨냈고 더욱 강해질 수 있었다. 그렇다. 무엇을 학습하고 경험하였는가에 따라서 사람들은 자기 나름대로의 관점을 갖게 된다. 그리고 이 관점이 삶의 통찰력으로 작용한다. 어려움과 곤경이 오면 어떤 사람들은 지혜롭게 상황에 대처하지만 대부분의 사람들은 이제까지 경험해보지 못하였기 때문에 당황하게 되고 두려움으로 낙담하게 된다. 환경과 상황을 어떤 관점으로 바라보는가가 그만큼 중요하다.

극한 상황에서 살아남는 사람들은 지식이 높은 사람도 아니고 경험이 많은 사람도 아니라고 한다. 극한의 상황에서 살아남은 사람들은 공통적으로 자신이 처한 현재의 상황을 그대로 받아들이고 지금 처한 상황에서 자신의 세계를 만든다고 한다. 연구에 의하면 극한 조난상황에서 가장 생존율이 높은 집단은 놀랍게도 6세 이하의 어린이라고 한다. 어린이들은 성인보다 체온이 빨리 떨어짐에도 불구하고 똑같은 상황에서 경험 많은 사냥꾼이나 육체적으로 건강한 군인보다 더 잘 살아남는다. 그 이유가 무엇일까. 과학자들은 그들이 어느 연령대보다 본능에 충실함으로써 생존율이 높다고 한다. 그들은 목이 마르면 물을 먹어도 되는지 판단하지 않고 본능이 요구하는 대로 물을 마시고,

추우면 나무 둥지에 들어가 몸을 따뜻하게 하고, 배가 고프면 무엇이든 먹는다고 한다. 생존에 관한 한 이들은 태어나면서부터 체득되어 있는 자연이 가르쳐준 그대로의 관점에 따라 행동한다.

반면 7세부터 12세 사이의 아이들이 가장 생존율이 낮은 이유는 이 정도 나이가 되면 자기 나름대로 어른들이 가르쳐준 고정된 관점이 있어서 '조금만 참으면 누군가가 구해줄 거야' '배가 고파도 참아야 해' 등의 정신지도가 본능을 지배하기 때문이라고 한다.

우리는 교육과 경험이 우리를 더욱 유능하고 실력 있게 만들어 준다고 믿고 싶어 한다. 그러나 때때로 진실은 그 반대인 경우가 있다. 수많은 사람들을 만나고 이야기를 나누면서 우울하고 힘들어하는 사람들의 공통점을 발견했다. 그것은 바로 "지금 힘들면 미래도 없다"라고 단정하는 것이다. 그들의 삶의 창을 열어서 들여다보면 이와 맞대어 중요한 점을 발견하게 되는데, 그것은 자신이 중심이 되는 삶이 없다는 점이다. 다 남을 위한 삶이다. 자신의 행복을 재산과 지위, 아이들과 배우자, 친구와 모임 등 외부에 맡기는 삶을 산다. 그렇기에 이러한 외부의 조건들이 변하면 힘들어하고 우울해한다.

지금 힘들다면 잘하고 있는 것이다

어린 시절, 나는 24가구의 작은 농촌 마을에서 살았었다. 눈보라가 휘몰아치는 어느 매서운 겨울날이었다. 평소 잘 아는 분의 집에서 은은한 풍금 소리와 아름다운 합창 소리가 들려왔다. 바깥은 눈보라가 몰아치는 한겨울인데 그 집에서는 고요하고 안정된 평온함이 엿보였다. 어머니는 내게 말씀하셨다. "매서운 눈보라가 치는 인생일지라도 노랫소리가 들리는 그 가정처럼 마음 안에 평온을 유지할 수만 있다면 삶은 늘 행복하단다. 마음의 평정은 네가 처해 있는 상황 그대로를 받아들이는 것이다."그날 이후부터 나는 내가 처해 있는 상황을 그대로 받아들이고 감사하기로 작정하였다. 역경과 폭풍우가 휘몰아치더라도 내 마음의 풍금 소리를 들을 수 있을 때 평정심을 갖게 되는 것이다. 금수저나 은수저 혹은 얼짱이나 몸짱이 아니더라도 괜찮다.

시간이 지나면 알게 된다

돌이켜보면 나도 학창시절 꿈 때문에 얼마나 힘들었는지 모른다. 그런데 그런 꿈 덕분에 결국은 잘하는 것을 알 수 있었다. 중학교 2학년 시절에 나는 모 일간지 신문에서 모집하는 신춘

문예에 응모해 당선됐다. 응모만 하면 주는 장려상을 받았다. 수백 명에게 다 주는 상이었는데, 그 상을 받고 얼마나 좋았는지 친구들에게 "나도 이제 신춘문예에 당선이 되었으니 앞으로 글을 더욱 잘 쓴다면 내 글이 국어 교과서에 실리고 그걸로 학생들이 공부하게 될 거야"라고 이야기했다. 이 때문에 친구들에게 놀림을 받기도 했다. 대상·금상도 아니고 입선도 아니고 고작 장려상을 받아 놓고 무슨 유명한 작가나 된 것처럼 교과서 운운이냐고. 아무도 내 꿈을 믿어 주지 않았다.

그러나 우리 어머니는 내 꿈을 믿어 주었다. "꿈이 있는 사람은 언젠가 그 꿈을 이루고 만다. 다만 포기하고 싶을 때 포기하지 않아야 하는 조건이 따른다"라는 그 말씀이 얼마나 힘이 되고 격려가 되었는지 모른다. 그런 후에 나는 열심히 글을 썼다. 칼럼, 단편, 그리고 직장에서 쓰는 글도 잘 쓰려고 부단히 노력했다. 몇십 년이 지난 오늘날 내가 집필한 책은 200만 부 이상 팔렸고 내 글은 국어 읽기 교과서에 실려서 학생들이 공부하고 있다.

아직도 금과옥조(金科玉條)로 생각하고 살아가는 것은 '내가 나를 포기하지만 않는다면 모든 사람이 다 나를 비난하고 이해하지 못하더라도 행복할 수 있다'는 것이다. 확신한다. 삶의 의미는 살아 봐야 알 수 있고 시간이 지나야 이해할 수 있다. 젊은 시절에 우리는 계획과 목표로 우리 삶을 통제하고 강제하려 하지만 지나고 보면 그런 것이 얼마나 무의미한 것인지 알 수 있다.

버팀목은 자존감이다

삶은 살아감으로써 이해하게 된다. 우리가 우울한 것은 이유도 모르고 늘 무엇인가를 해왔던 무수한 날들의 보복이라고 하지 않았던가. 우리는 젊은 시절 애써 모은 재산과 애지중지 키워온 자녀들, 그리고 어렵게 얻은 명예와 권위를 지키려고 많은 애를 쓴다. 그러나 정작 지켜야 할 것은 우리 자신이다. 자신도 지키지 못하면서 다른 것을 지키려 하고, 특히 타인을 지키려고 할 때 우울에 빠지게 되고 힘들게 된다. 그러므로 우리는 가장 지켜야 할 한 가지를 기억해야 한다. 그것은 바로 우리가 존재하는 이유, 즉 자존감이다. 자존감만 지켜낸다면 어떤 환경이 오더라도 무슨 일을 만나더라도 잘하고 있는 것이다. 그러므로 내면이 풍요로운 사람은 바깥에서 주는 것들이 없더라도 항상 풍요롭고 행복한 삶을 유지할 수 있다.

우리가 착각하는 것 중의 하나가 비틀거리며 쓰러지지 않았다는 것으로부터 위로를 얻는 것이다. 비틀거리며 쓰러지지 않았다는 이유만으로 위로받아서는 안 된다. 주저앉아도 다시 일어서려고 시도하는 힘듦이 진정한 용기이자 위대한 일이며 잘하는 것이다.

세상은 어려움이 따르기 마련이다. 어려움 없이 이루어지는 것은 하나도 없다. 다만 그 어려움 속에서도, 특히 극한의 어려움 속에서도 자기를 좌절의 나락으로 밀쳐내지만 않는다면 기회는 항상 미소 지을 것이다. 지금 힘이 드는가. 그렇다면 잘하고 있는 것이다. 자기를 지키려는 강한 의지인 자존감이 있다면 잘하고 있는 것이다.

가장 행복한 사람은 큰 기쁨이나 대단한 즐거움을 맛본 사람이라기보다는 몸과 마음에 항상 자기를 지켜내는 철학을 가지고 자존감으로 세파를 담담히 녹여 내는 사람들이라 할 것이다. 자신의 삶에 대해 늘 불안해하고 초조해하며 우울해하는 사람들에게 나는 현재와 미래를 반반으로 나누어서 생각하라고 주문한다. 불안해하는 사람들의 대부분은 미래에 많은 비중을 둔다. 그러나 확실한 것은 바로 현재임을 명심해야 한다. 현재에 집중하는 삶으로 내가 존재함에 감사로 다가서는 넉넉함이 우리를 행복하게 만들지 않을까. 현재에 처한 상황을 담담히 받아들이는 용기를 가질 때, 그리고 그 현재에 충실할 때 우리가 존재해야 하는 이유를 찾게 될 것이다.

현재를 피하고 싶다고 희망하는 미래로만 눈을 돌리면 자존감에 생채기를 보태는 결과를 맞을 게 뻔하다. 그러므로 어떤 일이 있어도 자신을 좌절의 나락으로 밀쳐내는 어리석음만 파한다면 '권불십년 화무십일홍(權不十年 花無十日紅: 무소불위의 권력도 십 년을 넘기 어렵고 아무리 붉은 꽃이라도 열흘은 못 간다)'을 깨우치지 않을까. 나는 감히 '고불십년 고무십일동(苦不十年 苦無十日同: 아무리 힘든 고통도 십 년 가는 법이 없고 아픔과 상처도 열흘은 동일하지 않다)'이라고 말하고 싶다. 다시 말해 '이 또한 지나가리라'이다. 그 기간이 어느 정도일지는 스스로의 자존감을 얼마나 빨리 회복하느냐 여부에 달려 있을 것이다.

우리를 괴롭히는 것은 고통이 아니라 기대감 때문이라고들 한다. 신기루를 잡으려는 헛된 희망은 우리의 여기에서의 삶을 있는 그대로 살지 못하게 만든다. 거듭된 넘어짐이 거듭된 일어섬을 만든다. 더 중요한 점은 버팀목이 든든하면 넘어지지 않는다는 것이다. 폭풍우가 휘몰아치더라도 버팀목이 든든하면 걱정할 필요가 없다. 우리 인생도 마찬가지 아닐까. 그 버팀목이 바로 자존감이다. 폭풍우가 몰아치더라도 마음이 웃고 있다면 일어선 것이다. 잘하고 있는 것이다. 헛된 욕망과 과장된 희망의 신기루 때문에 지금이라는 현재를 살아가기를, 인정하기를 포기하는 사람들이 얼마나 많은가.

인간의 욕망은 끝이 없다. 이 사실 하나만 제대로 이해하더라도 삶은 행복할 것이다. 진실은 더 나은 삶을 살기 위해 더 노력해야 하는 것이 아니라 노력의 방향을 바꾸는 것이다. 석공의 손에서 걸림돌이 주춧돌이 되듯이 우리는 우리 자신의 위대한 조각가다. 모두가 걸림돌이라고 비웃을 때도 버팀목인 자존감을 버리지 않는다면 우리 자신을 멋진 주춧돌로 빚을 수 있지 않을까.

완벽하지 않아도
괜찮아

완벽한 실패는 없다

벼랑 끝에 선 장수는 더 이상 갈 길이 없다. 죽을힘을 다해 싸우기 때문에 평소보다 몇 배의 능력을 발휘할 수 있다. 그래서 한나라 명장 한신은 배수진背水陣을 치고 초나라 20만 대군을 물리쳤다. 삶에서도 마찬가지다. 인생의 한가운데서 만나는 벼랑은 독이 아니라 오히려 기회다. 벼랑 끝에서는 몰입할 수 있다.

벼랑 끝에 선 사람은 살길을 스스로 만들어야 한다. 돌아서서 온 힘을 다해 몰입하든지, 벼랑으로 뛰어내리든지, 아니면 벼랑을 건너뛰든지 해야 한다. 그래서 벼랑 끝에 선 사람이 가장 강하다. 내가 아무리 당신을 응원해도, 시중에 나온 많은 책이 당신의 힘든 인생을 지지해도 여전히 어둠에 빠지는 젊음이 있음을 잘 안다. 때때로 삶은 어떤 말로도 위로가 되지 않는 깊은 수렁으로 우리를 빠뜨린다. 이제는 벼랑 끝에 섰다고, 더 이상 살아갈 의욕과 힘이 없어졌다고 고백하게 되는 때 말이다. 많은 청년이 그럴 때 완벽을 추구하다가 스트레스를 받고 무너지곤 한다. 흔히 말하는 엘리트의 몰락이 그런 것이다. 벼랑 끝이라는 것은 아무것도 없는 상태다. 힘과 지식, 어린 시절 명민했던 총기와 예리함도 지나간다.

세상에 완벽함은 없다. 마찬가지다. 완벽한 실패, 완벽한 절망도 없다. 조금만 눈을 낮춘 채 벼랑에 선 자신을 관망하고 관조하자. 그리고 괜찮다고 말해보자. 나는 감히 그것이 젊음이라고 말하고 싶다. 젊음은 미완성이자 출발이다. 젊음은 두려움이자 설렘이다.

하루라도 젊을 때 실패하는 게 낫다

세상에 딱 두 부류의 사람만 있다고 가정해보자. 가진 게 많은 사람과 가진 게 적은 사람. 당신은 어느 부류에 속하는가. 앞길이 창창한 젊은이라면 어느 부류에 속하는 것이 당연할까. 젊음은 아직 가진 게 없다. 부모에게 물려받은 좋은 집에 산다고 해서, 또는 좋은 차를 탄다고 해서 그것이 당신 것은 아니다. 청춘을 가르는 정확한 구분법은 생물학적 나이가 아니다. 실패에 대한 두려움이 없다면 청춘이다. 도전정신은 두려움이 없을 때 꽃을 피운다.

"많은 돈을 들여 어학연수를 가는데 영어가 늘지 않으면 어쩌죠?"
"대학 등록금이 엄청난데 졸업하고 취업이 안 될까 봐 걱정입니다."
자연스럽게 파고드는 염려와 걱정을 막을 수는 없다. 요즘 젊은이들은 염려와 걱정 속에 파묻혀 자신을 놓아버리고 만다. 시작하기도 전에 실패부터 걱정한다. 물론 철저한 분석 후에 시도하는 것은 좋지만 실패가 두려워 도전해보지도 않고 포기한다면 그것처럼 아쉬운 것이 있을까.
청년이란 이름은 무한한 가능성을 내포한다. 청춘이기에 실패해도 아름다운 교훈을 얻을 수 있다. 실패의 두려움에 자신을 가두지 마라. 당신에게는 실패를 극복할 수 있는 무한한 잠재력이 있다. 결과를 두려워하기 전에 그 이상의 가치를 얻겠다는 마음을 먹어라. 들인 비용보다 더 많이 얻고 뽑겠다는 의지를 발동해야 좋은 결과도 따라온다.

"마음 놓고 도전하십시오. 회사의 발전과 조직의 이익을 위해 최선을 다하다가 실수하는 것은 내가 다 책임질 테니 두려워 말고 도전하고 진취적으로 행동하십시오!"

나는 책임을 맡은 조직에서 구성원들에게 이렇게 말한다.

나의 이 짧은 한마디가 청년들에게 얼마나 큰 힘을 실어주고 그들을 얼마나 창의적이고 열정적으로 변화시키는지 모른다. 이들을 보면서 청년들이 한 번의 실수를 얼마나 두려워하고 있는지 절감한다.

벼랑 끝에서 도전하지 못하는 사람도 마찬가지다. 그들은 대개 자신의 실수를 두려워한다. 도전했다가 실패해서 더 많은 것을 잃을까 봐 두려운가. 그럴 때는 바로 눈앞의 일에만 집중하자. 지금 당장 할 수 있는 일을 하면서 실패해도 괜찮다고 생각해보자. 걱정을 하든지 하지 않든지 내일은 내일의 태양이 뜬다. 당신의 불안을 제쳐두는 일이 가장 먼저다.

안주하기엔 아직 이르다

자기계발 분야 베스트셀러 저자 말콤 글래드웰Malcolm Gladwell은 '하루 3시간씩 훈련·연습하는 자세로 10년간 몰입하면 누구나 성공할 수 있다'라는 1만 시간의 법칙을 제시한다. 물론 이렇게 10년 동안 지속한다고 해서 완벽한 성공이 찾아오는 것은 아닐 것이다. 그러나 최소한 지금 직면한 일을 극복하고 좀 더 나은 내가 될 수 있다.

벼랑 끝에서 벗어나는 법도 사실 이 법칙과 다르지 않다. 꾸준히, 끝까지 도전하는 것. 그것이 인생의 수렁에서 빠져나오는 유일한 방법일지 모른다. 지금 벼랑 끝에 있는 것 같은가. 그렇다면 더욱더 배우고 도전하라. 눈부시게 아름다운 젊음이 그대들의 무기 아니겠는가. 실패를 두려워하지 말고 꿈을 향해 도전하라.

대기업에 근무할 때 내가 지도하던 팀에 두 명의 대리가 있었다. 박 대리와 오 대리는 모두 매우 성실하고 열심히 일하는 직원이었다. 그런데 이 둘의 일하는 자세와 태도는 확연하게 달랐다.

박 대리는 회사를 10년 정도 더 다닌 후 회사의 가장 큰 대리점 사장이 되는 것이 꿈이라고 했다. 그는 꿈을 이루기 위해 벼랑 끝에 선 사람처럼 일에 몰입했다. 현장에서 대리점 사장들이 물건을 어떻게 관리하고 마케팅은 어떻게 하는지 계속 공부했다. 오 대리는 현실에 충실하며 하루하루 성실하게 사는 것이 인생관이라고 했다. 오히려 박 대리에게 "지금부터 사장이 되려고 스트레스를 받느냐"며 타박하기도 했다.

일에 있어서는 모두 성실하다는 평가를 받던 두 사람. 그런데 어느 순간부터 이들이 지닌 꿈의 차이가 일하는 태도와 결과에 반영되기 시작했다. 대리점 경영의 꿈을 키워온 박 대리는 회사와 대리점의 관계개선을 위해 부단히 개선 방안을 제출했다. 그러나 오 대리는 안정된 직장생활을 하는 데 만족했다. 얼마 지나지 않아 박 대리는 회사의 중요한 인재가 되었고, 오 대리는 다른 자리를 알아보겠다며 회사를 떠났다.

박 대리와 오 대리의 이야기를 통해 어떤 자세로 일하는가가 얼마나 중요한지 깨닫게 된다. 꿈을 반복해서 이야기하고, 지금이 벼랑 끝이라고 생각하고 몰입하면 꿈이 멀게 느껴지지 않는다. 언젠가 이루어질 현실로 믿어진다. 그러나 자신의 한계를 정해놓고 도전하지 않는 사람은 스스로 정한 한계도 지키지 못할 가능성이 크다.

당신은 꿈을 이야기하는 사람인가, 한계를 이야기하는 사람인가. 벼랑 끝에 선 것처럼 아무것도 잃을 게 없음을 무기로 삼고 꿈을 이야기하라. 꿈은 긍정적인 이야기를 이끌어내고 한계는 부정적인 결과를 상상하게 한다. 하루에 한 번, 10년 후 자신의 꿈을 말해보는 건 어떨까.

미래는 로또처럼 어느 날 갑자기 운 좋게 얻어지지 않는다. 인생은 실체 없는 뜬구름이 아니라 준비한 만큼 얻는 보상이다. 목적의식을 갖고 주어진 일에 최선을 다하다 보면 미래는 현재가 된다. 꿈이 있는 사람은 내일에 대한 밑그림을 그려놓고 살기 때문에 원하는 삶에 접근한다. 그러나 아무 생각 없이 사는 사람은 상황과 환경에 이끌린 생활을 할 수밖에 없다. 밑그림을 그린 뒤에 하나씩 색칠하는 즐거움을 맛보기 바란다.

벼랑 끝이라도 건너갈 방책은 있다

세상이 너무나 힘들다 보니 현상유지만 해도 잘하는 것이라 여기는 사람이 많다. 직장에 입사하면 더 이상 배우려고 하지 않는다. 학교에서 배운 것으로 충분하다고 생각한다. 이는 착각이다. 월급이 동결되었는데 물가가 3%씩 뛰어오른다면 과연 현상유지에 성공했다고 말할 수 있을까? 인생도 마찬가지다. 세상이 끊임없이 변하고 있는데 스스로는 과거에 비해 조금도 달라지지 않는다면 큰 벼랑을 마주하게 될 것이다.

학교에서, 직장에서 계속해서 도전하고 평생 공부를 하고 전문성을 확보해야 경쟁력을 갖출 수 있다. 대기업에 공채로 입사한 것만으로는 장밋빛 미래가 보장되지 않는다. 이제 계단 하나를 올랐을 뿐이다. 이것을 일찍 깨닫는 사람은 현명한 사람이다. 지금 서 있는 곳이 종착점이라고 생각하지 마라. 무한한 정거장 중 하나에 도착한 것뿐이다.

지금 있는 곳이 벼랑 끝이라는 생각을 해야 한다. 건강하고 적당한 위기의식은 인생을 건설적으로 이끌어주는 원동력이다.

벼랑에 서본 적이 있는가. 나는 어린 시절 꽤 높은 뒷산에 올라 또래들과 토끼를 잡으러 다녔다. 한번은 토끼를 몰다가 온통 바위로 된 벼랑 끝에 서게 됐다. 위기의 순간, 누군가 튼튼한 줄을 나무에 매달았고, 줄을 잡고 내려간 뒤 계속해서 토끼몰이를 한 적이 있었다. 아무리 가파른 벼랑 끝이라도 건너갈 방책은 있기 마련이다. 벼랑 끝이라 생각하고 정신을 차려 몰입하면 강해진다.

벼랑 끝은 더 이상 떨어질 수 없는 위기상황에 직면하게 한다. 지금 잘나간다고 벼랑 끝을 생각하지 않으면 강해질 수 없다. 평생 직장에 다닐 것처럼 월급쟁이 근성에 길들여지면 벼랑에 몰릴 때 대책이 없다. 지금 벼랑 끝에 서 있다고 생각하고 위기를 자각하면 절대로 위기에 몰리지 않는다. 가장 어리석은 사람은 어제와 같은 오늘이 반복될 거라고 생각하고 나태한 사람이다.

당신은 벼랑 끝에 서 있다고 생각하는가. 그렇다면 잘하고 있는 것이다. 나는 소위 초일류기업이라는 곳에서 수십 년을 일했다. 하루도 위기가 아닌 적이 없었다. 매 순간 다가오는 문제와 벼랑 끝이 우리를 위협하고 위기에 빠뜨렸다. 가도 가도 넘어야 할 산이 끊임없이 생겼다.

위기라고 선언하고 공유하는 일이 최우선 과제라 하겠다. 위기로 정의하고 대응책을 마련하면 정작 위기는 오지 않는다. 대기업은 문제가 발생하면 그 정도가 개인이 감당하기 힘들 정도로 크다. 그러므로 항상 벼랑 끝에 선 위기의식으로 문제를 바라보고, 최선을 다해 해결해야 한다. 당시에는 힘들었지만 이 장애물은 곧 나를 키우는 자양분이 됐다.

벼랑 끝에 선 사람은 꿈을 꾼다. 꿈을 꾸기에 현재의 벼랑이 끝이 아님을 안다. 언제나 꿈으로 위기의식을 갖고 도전한다. 아무리 가파른 벼랑이라 하더라도 온 힘을 다하다 보면 벼랑을 벗어날 방책은 항상 준비되어 있다. 벼랑 끝을 벗어날 수 있는 비밀은 자신을 다독이고 용기를 주고 자신감을 불어넣는 일이다.

지금 힘들고 외로운가. 땀이 나도록 뛰어보라. 의기소침할수록 집에만 있고 사람도 만나기 싫을 것이다. 온몸의 활기를 마음껏 운동으로 발산하면 새로운 생각이 싹튼다. 어둡고 우울한 내면의 찌꺼기가 빠져나온다고 믿어라. 몸과 마음은 긴밀하게 연결되어 있어 건강상태가 비슷하다. 몸이 아픈 사람은 마음을 돌보고, 마음이 상한 사람은 체력 관리를 해야 한다. 신체와 정신의 균형을 갖춰 자기관리를 한 사람의 미래는 밝다.

신세타령만 하면 절대로 삶을 변화시킬 수 없다. 차라리 크게 한번 펑펑 울어라. 눈물 콧물이 뒤범벅이 되도록 울고 나면 후련해진다. 후련함이 답답함으로 변하면 또 울어라. 자신의 감정을 숨기지 말고 쏟아내라. 벼랑 끝에 선 사람이 가장 강한 이유는 절박하기 때문이다. 사느냐 죽느냐 치열하게 고민하고 아파한다.

런던올림픽 유도 금메달리스트 김재범 선수는 "죽기 살기로 했을 땐 금메달을 못 땄는데, 죽기로 하고 열심히 했더니 금메달을 땄다"고 말했다. 부상으로 온몸이 성한 곳이 없고, 일반인보다 몸 상태가 좋지 않은 상황에서 세계 최고가 가능한 일인

가. 땀과 눈물로 얼룩진 승리의 감격은 보는 사람의 가슴을 찡하게 한다. 우리도 날마다 삶의 현장에서 스포츠맨십으로 무장한다면 못 해낼 일이 없다.

인생을 살다 보면 누구나 풍랑을 만난다. 지금 힘들다면 잘 살고 있는 것이다. 완벽함을 추구하려고 애쓰지 마라. 어설프게 허우적거리고 있는 모습 그대로를 사랑하라.

머뭇거리기엔 청춘이 짧다

나는 오랜 시간 기업에서 CEO로 활동했기에 인생 후배들이 원하는 이야기가 무엇인지 잘 알고 있다. 젊은이들은 자기들이 아프다고, 괴롭다고, 기성세대가 누리던 기회가 이제 사라졌다고 말한다. 부모와 기성세대들로부터 '너희가 아픈 것을 안다' '괜찮다'는 말을 듣고 싶어 한다.

  자녀를 둔 부모의 입장에서 나도 똑같은 말을 해주고 싶다. 마냥 괜찮다고, 힘든 너희를 이해한다고, 괜찮다고, 스스로를 억죄지 말라고, 청춘은 원래 괴롭고 벅차고 힘든 때라고. 그러나 결코 머뭇거리고만 있어서는 안 된다고도 말해주고 싶다. 너무 빨리 청춘은 지나가기에.

'기회'는 머리만 있고 꼬리가 없다. 자기 분야에서 최고를 이룬 사람은 신속하고 정확하게 결정한 사람이다. 다른 일을 하다가 중간에 진로를 바꿔도 타이밍을 절대 놓치지 않는다. 그렇다. 인생에 찾아오는 기회를 감지하는 센스가 필요하다. 망설이고 잘 알아차리지 못하면 그냥 지나가버린다. 두 번 다시 돌아오지 않는다. 지금 후회되는 일이 생각나는가. 그토록 아쉽게 놓쳐버린 기회가 생각나는가. 그렇다면 이제 눈을 돌려 다가올 기회를 놓치지 않는 일에 집중해야 할 때다. 어떻게 하면 기회가 찾아올 때 놓치지 않고 붙잡을 수 있을까.

목표를 제대로 아는 사람이 기회를 감지한다. 아무 생각 없이 하루하루 살아가기 바쁜 사람은 기회가 와도 알지 못한다. 목표가 있느냐 없느냐의 문제가 아니다. 막연한 꿈이나 목표는 누구나 가지고 있다. 누구나 좋은 차, 좋은 집을 꿈꾸고 산다. 그런 단계 말고, 목표는 구체적으로 세워야 한다. 그것으로 끝이 아니다. 그 목표를 끊임없이 묵상하면서 살아야 한다.

꿈과 목표가 명확한 사람은 주변의 상황에 별로 휘둘리지 않는다. 환경에 끌려다니지 않고 적극적으로 자기의 꿈을 주도한다. 자주 찾아와 상담을 받는 청년 중에 직장생활 5년 차인 20대 후반의 대리가 있다. 경력을 살려 유학을 가고 싶은 목표, 나아가서는 경영학 박사로 교수가 되고자 하는 꿈이 있었다. 그녀에게 직장생활은 실무를 배우고 외국에서 학위를 받기 위한 기틀을 다지는 시기이지, 그저 월급을 받기 위한 창구는 아니었다. 얼마 전 그녀는 독일로 출국했다. 평소 해외 근무에 대한 열정과 본사와의 커넥팅에 특별히 열심을 쏟은 그녀에게 본사 근무의 기회를 제공한 것이다. 독일 본사에서 근무하면서 학위 취득의 기회를 가질 수 있을 것이라 한다. 그녀는 분명한 계획과 꿈을 늘 마음속에 담고 살았기에 5년 동안 남들보다 더 열정적으로 업무에 임할 수 있었다. 아무렇지 않게 스쳐 갈 일을 절대 절호의 기회로 잡았다.

꿈과 목표를 내면화한 사람은 자기 발전을 위해 일한다는 마음으로 직장생활에 임한다. 업무와 상사로 인한 스트레스도 목표가 없는 사람보다 덜 받는다. 평생 회사에 매인 몸이 아니라고 생각하기 때문이다. 단계별로 꿈과 비전에 집중하고 살기에, 상황에 능동적으로 대처하고 일희일비하지 않는다. 퇴근 후와 주말에는 유학에 필요한 영어 공부를 하고, 스터디 모임을 통해 같은 목표를 가진 사람들과 네트워크를 형성한다. 직장생활과 여가시간이 균형 있게 분리되어 삶에 활력이 생긴다. 관심 있는 학교에 먼저 유학을 다녀온 선배를 만나서 필요한 정보를 얻는다. 자기소개서에 쓸 이야기를 만들기 위해 다양한 경력을 쌓는다. 월급날을 기다리며 근근이 살아가는 직장인과는 삶의 질이 다르다.

당신에게 내일을 위한 구체적인 목표가 있는가. 없다면 지금 당장 세워라. 어떤 것이든 상관없다. '2년 안에 대출금 갚기' '내년에는 승진하기' '한 달에 3kg 체중 감량' 등 세밀하게 정해야 이뤄진다.

노력이 필요한 부분이라는 말은 얼마든지 바꿀 수 있다는 뜻이다. 정확한 진단만이 문제를 확실하게 해결할 수 있다. 일의 성과가 나지 않는 이유, 대인관계에서 오해가 반복되는 이유 등 부족한 부분은 포기하지 말고 이유부터 찾아라. 알면 고칠 수 있다. 얼마나 성장을 하느냐의 문제이지, 절대 실패하지 않는다.

자신에게는 기회가 오지 않는다고 비관하는 사람이 많지만 기회가 오지 않는 게 아니라 기회가 오는지 가는지도 알지 못하는 무딘 판단력이 문제다. 분명한 목표의식과 미래를 향한 집념으로 무장된 사람만이 기회를 잡는다. 기회는 당신을 기다려주지 않는다. 기회는 인생에서 명확한 콘셉트_{concept}를 가진 사람에게 신이 주는 선물이다. 기회가 지나간 후에 후회하고 아쉬워해봤자 소용없다.

순간의 기회를 붙잡는 사람은 결말이 행복하다. 지금 당신에게 찾아온 기회는 무엇인가. 아니면 얻기 원하는 기회는 무엇인가 생각해보자. 뜻이 있는 곳에 길이 있고 때로는 길이 있는 곳에 뜻이 있다. 탄탄대로로 펼쳐진 길은 기회를 붙잡는 사람만이 걸을 수 있다.

철저히 준비하면 망하지 않는다

준비되지 않은 자에게 기회는 독이다. 철저하게 준비하고 독하게 마음먹은 상태에서 기회와 조우해야 한다. 철저한 준비와 강력한 의지가 있어야 기회가 당신의 것이 되고 성공을 가져다준다.

미래의 비전을 달성하기 위해 준비하는 사람은 힘이 든다. 힘든 만큼 장밋빛 미래가 기다린다. 비전을 향한 노력과 실체 없이 기회를 잡는 일이 얼마나 위험한지 지방에서 온 편지 하나를 소개하고자 한다.

'안녕하십니까? 저는 광주광역시에서 살고 있는 김광주입니다. 대표님의 저서를 읽고 나서 참으로 많은 생각을 했습니다. 외식업을 경영하면서 나름대로 앞만 보면서 열심히 달리고 또 달렸는데 계속되는 적자에 그만 문을 닫았습니다. 세상살이가 만만치가 않더군요. 2년 전 애들 엄마와 갑작스레 사별을 하고 두 아들을 홀로 키우면서 제 자신을 잃어버렸답니다. 그런데 대표님의 저서가 저를 다시 일어서게 했습니다. '배운 게 도둑질이니 식당이나 다시 할까'라는 식으로 외식업을 하찮게 생각했던 모습을 반성했습니다. 철저하게 준비해야 망하지 않는다는 귀한 교훈을 이제야 깨닫게 됩니다. 귀하신 가르침에 감사드립니다. 죽을 각오로 해도 될까 말까 한데 준비 없이 손쉽다고 외식업을 시작하려는 저를 철저하게 준비시켜주셔서 감사합니다.'

이분이 만약 준비 없이 다시 외식업을 시작했다면, 또 망하든가 그저 그런 생계형으로 살았을 것이다. 분명히 강조하건대, 기회는 철저한 준비를 해야 잡을 수 있다. 외식업의 본질을 이해하는 데서 출발해야 한다. 그저 '식당이나 한번 해봐야지'라는 생각에서 벗어나 어떤 음식 스토리를 만들 것인지를 공부하고, 평생의 업으로서 나를 어떤 음식에 담을 것인지 체득할 시간이 필요하다.

지금 힘들더라도 준비하는 일에 집중하기를 부탁했다. 대단한 성공은 아니라도 어느 정도 사업의 안정은 유지했으리라고 확신한다.

꼼꼼하게 준비하느라 힘이 드는가. 그렇다면 당신은 잘하고 있는 것이다. 결과에서 머리가 되고 싶다면 준비에서도 머리가 되라. 그러면 기회가 1순위로 찾아온다. 지금 힘들다면 1순위 기회를 잡기 위해 최선을 다하는 중이다. 준비 없는 사람이 기회를 잡는 일은 모순이다. 마냥 괜찮다고 위로와 격려를 해주고 싶지만 기회는 준비되고 깨우친 자의 전유물이라는 것을 말하지 않을 수 없다.

기회를 잡기 위해 준비하라. 목적지만 설정하고 지도 없이 달린다면 그곳에 도달할 수 없다. 인생의 방향과 목표를 설정하고 이정표를 그리며 준비하자. 지금부터라도 한 단계씩 나만의 인생 내비게이션을 그려보자.

지금이
제일 중요하다

'그때는 좋았는데' 하지 말자

행복하게 살려면 두 가지만 잘 지키면 된다. 어찌할 수 없는 과
거를 붙들고 집착하지 말아야 하고, 다가오지 않은 미래를 두려
워하고 걱정하지 말아야 한다. 그러나 의외로 과거와 미래로 인
해서 심한 스트레스를 받고 힘들어하는 사람이 많다. 현실에서
어려움을 만날수록 현재에 집중하지 못하고 과거와 미래로 시
선을 돌린다. 현재에 초점을 맞춰야 한다.

얼마 전 명문대학을 우수한 성적으로 졸업했으나 힘들게 취업한 학생이 찾아왔다. 회사생활이 너무 힘들다고 했다.

"저는 줄곧 1등을 놓친 적이 없어요. 고등학교 때도 늘 1등이었고, 한 번도 제가 부족하다고 생각한 적이 없었어요. 그런데 대학을 졸업하고 원하는 회사는 계속 낙방했고, 결국 마음에 들지 않는 회사에 들어갔어요. 제 자신에 대한 회의가 너무 많이 드네요. 저는 열심히 하려고 노력하는데, 성과는 좋지 않고 회사도 마음에 들지 않아요. '내가 여기서 이런 업무나 담당할 사람이 아닌데'라는 생각에 회의가 들어요. 이직을 해야 하나 고민이 많아요."

무엇보다 중요한 일은 마음을 다스리는 일이라고 조언했다. 손도 내 것이고 팔도 내 것이라 원하는 대로 마음대로 할 수 있다. 그러나 마음은 내 것임에도 원하는 대로 잘 움직이지 못하는 속성이 있다. 내 마음을 남의 것인 양 다른 것에 빼앗겨버린 상태에서 겉모습만 직장생활을 하고 있다. 이때 밀려오는 공허함과 허탈함은 형언할 수 없다. 마음이 안정이 안 되고 자꾸만 흔들리게 된다.

왜 그럴까. 그것은 잡을 수 없는 것에 집착하고 있기 때문이다. 과거와 미래가 아니라 현재에 집중하고 초점을 맞춰야 하는데 과거 자신의 모습에 몰두한 나머지 현실과의 괴리에서 힘들어하고 있었던 것이다. 우리는 "내가 왕년에 말이야……"라는 말을 심심치 않게 듣는다. 과거 집착적 사고는 현재 자아와 괴리를 만들어 스트레스의 주범이 된다. 유명 연예인들이 자신의 대중적 인기가 쇠락할 때 정신적 충격에 빠지고 우울증을 겪는 상황과 같다.

'그때는 좋았는데' 하지 말자. 과거는 과거일 뿐이다. 과거에 내가 어떤 사람이었든 지금 중요하지 않다. 과거에 잘했든 잘못했든 이미 지나간 일이다. 현재와 미래만 이야기해도 벅차다. 지나간 일은 과감히 잊어버리자.

지금 소중한 일은 흘러가버린 과거에 대한 미련이 아니다. 지금 내가 가지고 있는 것이다. 내가 가지고 있는 것들이 몇 년 후에는 과거가 되지 않겠는가. 그러니 과거의 스트레스를 훌훌 털고 일어나 현재에 만족해라. 다시 나를 바라보자. 나는 지금도 꽤 괜찮은 사람이니까.

'반드시 해야 한다'는 억압에서 벗어나자

젊은 세대는 힘들다, 괴롭다고 말한다. 노력하지 않기 때문에 힘든 것인가. 살펴보면 그것도 아니다. 대학교 도서관은 주말,

명절에도 24시간 바쁘게 움직이고 요즘 대학생들은 정말 열심히 공부한다. 직장인 역시 밤낮으로 일한다. 그런데 힘들다고만 한다. 무언가 잘못된 것은 아닐까.

힘든 이유는 지나치게 잘해야 한다는 압박감에서 비롯된다. 우리는 어려서부터 '반드시 해야 한다'라는 당위적 명제의 영향을 받으면서 살아왔다.

"너는 훌륭한 사람이 되어야 해." "성공해서 부자가 되어야 해."

당위적 사고는 현재와의 괴리를 만들고 결국 스트레스로 작용하여 사람을 지치게 한다. 당위적 사고의 근원은 실체가 없다. 그저 우리가 잘못 만들어낸 환상일 뿐이다. 부모님이 훌륭한 사람이 되라고 하는 말이 '훌륭한 사람이 되지 않으면 너를 사랑하지 않을 거야'라는 의미가 아닌데도 자신을 타박하고 힘들어한다. 이런 함정에 빠진 사람은 99점을 받아도 100점을 받지 못했다고 자책한다.

사람은 실수하기 마련이다. 하지만 늘 최고가 되어야 하고, 잘해야 한다고 생각하기 때문에 아프고 힘들다. 〈행복은 성적순이 아니잖아요〉라는 영화 제목처럼 행복은 100점에서 시작하지 않는다. 행복은 자신을 격려하고 다독여줄 줄 아는 용기에서 출발하고, 다른 사람을 보듬고 위로할 때 완성된다.

'반드시'라는 강박관념에서 벗어나 여유를 가져보자. 나사 하나 빠진 듯이 사는 지혜가 우리를 인간답게 만들지 않는가. 완벽함보다 위대한 것은 미완성인 자신을 인정하고 하나씩 채워가는 보람이다.

긍정적 변화는 칭찬과 좋은 습관에서 비롯된다

요즘 자존감에 대한 관심이 높아지고 있다. 인간은 본래 자신이 사회적으로 '인정'을 받았다고 느낄 때 구성원으로서의 안정감과 존재 가치에 대한 자존감이 생긴다. 그러나 파편화되고 모든 것이 불안정한 요즘 시대에 스스로 자존감을 챙기기란 여간 어려운 게 아니다.

타인은 나에게 쉽사리 잘했다고 얘기해주지 않는다. 혹독한 경쟁사회에서는 긍정적인 이야기보다 부정적인 이야기가 더 크게 들리고 전해진다. 그래서 더욱더 스스로를 칭찬하는 게 중요하다.

"그래도 잘하고 있어" "정말 잘 버티고 있다. 잘했어!"라고 하루에 한 번 이상 스스로에게 말하라. 자신이 잘하고 있다고 생각하면 긍정적 에너지를 발휘하여 무슨 일이든 두 배의 효과를 낸다. 날마다 새 에너지를 공급받아 최선을 다하게 되고, 마음의 평안을 유지한다. 칭찬하는 습관은 자신감과 용기를 주고 사람을 강하게 한다. 반면 자책하는 습관은 정신적으로 좋지 않다. 양심에 가책을 주고 생활 속에서 불안을 초래한다.

좋은 습관을 한 발짝 빨리 받아들이고 나쁜 습관을 한 발짝 빨리 버리려고 애써 보자. 놀라운 변화를 체험하게 될 것이다.

나는 인스턴트커피를 좋아했다. 더 좋은 차가 있어도 오래전부터 입에 밴 맛 때문에 습관적으로 인스턴트커피를 마셨다. 어느 날 신문기사에서 인스턴트커피에 들어 있는 설탕과 크림이 건강을 해칠 수 있다는 글을 읽고 마음을 고쳐먹었다. 되도록 커피보다는 녹차를 마시고, 커피가 정말 마시고 싶으면 블랙으로 마셨다. 처음 며칠 동안은 힘들었지만 일주일 정도 지나자 매우 편안해졌다.

내면에서 바꿔야겠다는 강력한 의지가 솟아나 쉽게 행동으로 연결되었다. 무엇이든지 생각을 정하고 행동을 바꾸면 습관으로 자리를 잡아 하루하루 쌓인다. 결국 큰 목표를 이루는 바탕이 된다.

여러분은 어떤가. 지금 힘들어하는 이유가 잘못된 습관으로 자기 자신을 억누르고 있기 때문일 수 있다. 나에게 힘을 주는 좋은 생각으로 건강해지는 기회를 놓치지 말자.

잠시 쉬어야 멀리 간다

인생에서 속도는 중요하지 않다. 그러나 꾸준히 계속 가는 것은 중요하다. 누가 빠르게 성공하고 앞서 가는가에 시선이 집중되면 자기 페이스를 잃어버리고 만다. 꾸준히 계속 가기 위해서는 잠시 멈춤으로 보폭을 조절할 필요가 있다.

"열심히 일한 당신, 떠나라."

이 광고 카피를 보면서 무릎을 탁 쳤었다. 지친 심신을 고요하게 치유해주는 여행의 묘미를 잘 표현한 문구라 생각했다.

요즘 젊은이들은 바쁘다. 회사 일에 쫓기는 직장인이 자유로운 여행을 하기란 쉽지 않다. 기껏해야 일 년에 한두 번일 뿐이다. 여행이 어렵다면 출근 시 이동수단을 바꿔보는 것은 어떨까. 승용차에서 버스로, 지하철로 바꿔보자. 그동안 느끼지 못했던 새로운 설렘을 맛볼 수 있을 것이다. 창밖에 보이는 나무와 경관들을 바라보면서 출근길을 일상과는 다른 체험으로 시작한다면 이것이 바로 여행 아닐까. 멀리 떠날 수 있다면 가장 좋겠지만, 그렇지 못하더라도 작은 일상의 변화는 지치고 고단한 자신을 쉬게 하는 효과가 있다.

직장생활로 한창 바빴던 나 역시 장거리 여행을 가기 위해서는 큰 결심을 해야 했다. 그래서 나는 주말마다 아름다운 자연경관이 있는 곳에서의 한 끼 식사로 마음에 여유를 주곤 했다.

하루 5분씩이라도 나를 돌아보는 기회를 가져라. 잠시 멈추고 되돌아보는 시간을 갖자. 지금 내가 가고 있는 길이 옳은지 방향을 재검토할 수 있다. 새로운 아이디어가 샘솟는 시간이 될 것이다.

쉰다는 것은 무엇인가. 내게 주어진 것을 누리는 시간이다. 건강하지 못하면 여행을 가지 못한다. 운동도, 일도 할 수 없다. '쉰다'라고 하면 늦잠 자고, 해가 중천에 뜰 때까지 침대에서 뒹구는 일이라고 생각하지 않는가. 그것은 쉬는 게 아니라 게으름의 연장일 뿐이다. 사람에게 낮과 밤이 주어진 것은 낮은 낮대로, 밤은 밤대로 누리라는 의미다.

힐링이란 내게 주어진 건강, 가족, 이웃, 능력을 가지고 잘 누리는 것이다. 여유를 가진 자만이 가지고 있는 것을 누릴 수 있다. 우리는 많은 것을 가지고 있음에도 늘 누리지 못하고 분주하다. 바쁘게 살아도 누릴 수 있다면 여유를 얻을 수 있다. 아무리 많은 것을 가지고 있어도 누리지 못하면 아무런 소용이 없다. 직장생활도 누리고, 공부도 누리고, 여행도 누리고, 삶도 누리는 지혜를 발휘해보기 바란다. 누리는 것은 가진 자의 특권이다. 건강을 가지고 있다면 건강을 누리면 된다.

잘 쉬는 것은 잘 누리는 것이다. 그러려면 지금이 제일 중요하다. 잠시 쉬어가는 여유가 없으면 쉽게 지치고 힘이 든다. 지금 힘들다면 잘하고 있는 것이다. 어떻게 삶을 누릴지를 생각하는 일 자체가 힐링 모드의 시작이기 때문이다.

안주하려는 '나'와의 싸움

시간이 지나면 거창한 계획도 흐지부지되고, 책을 보며 받은 좋은 영감도 사라진다. 찬란한 변화를 꿈꾸던 영혼도 이내 원래 자리를 찾아 흐릿해진다.

이것이 삶의 사이클이다. 기회를 잡기 위해 노력하고, 고통을 참고, 끝까지 해내는 습관을 들이려 고군분투하던 사람도 결국 '인생은 그런 거지'라는 말을 하곤 한다. 주변에서 '난 왜 뜻한 대로 살지 못하는 걸까'라고 말하는 사람을 자주 보게 된다. 나는 사실 이 모습이 사람 사는 생리이고, 인생이라 생각한다.

내면의 자아는 언제나 우리에게 안주하라고, 힘든 길을 택하지 말라고 말하기 때문이다. 역설적으로 나는 여기서 성취의 비밀을 느낀다. 삶의 단면마다 힘들고, 하기 싫어하는 선택을 하는 것이 성취의 비결이라고 깨닫는다. 자고 싶을 때 책을 한 자더 보는 것, 쉬고 싶은 주말 시간에 자기계발을 위해 어학을 공부하고 운동을 하는 것 등 내면의 욕구가 원하는 편안함과 정반대의 길을 가는 것이 삶의 성취 작품을 만드는 비결이기도 하다. 변화하려고 하면 반드시 자기 자신과의 싸움이 벌어진다. 이제 그 싸움을 눈치채고 이겨내야 한다.

안 그래도 싸울 상대가 많은 세상에 자신과도 싸워야 하느냐고 푸념할지 모른다. 이미 우리는 지금도 내면의 적과 싸우는 전사로 살아가고 있다. 이른 아침 지각하지 않기 위해 억지로 일어나는 학생부터 출근시간에 '지옥철'에 억지로 몸을 싣는 젊은 직장인까지 모두 자아의 욕구와 싸우고 있는 중이다.

자신과의 싸움이 없는 때는 오직 두 경우뿐이다. 생을 마치고 무덤에 들어갈 때, 그리고 어떤 도전과 노력도 하지 않을 때다. 자기와의 싸움이 크게 벌어질 때는 큰 성취를 꿈꾸거나, 하기 싫은 일을 하려 할 때다. 자신과의 싸움이라는 것은 결국 자기 극복이다.

우리는 왜 뜻대로 살지 못하고 자신과의 싸움에서 무너지는 가. 끝까지 승부를 보는 자세가 부족하기 때문이 아닐까. 적정한 시점에서 절제할 줄 알아야 한다. 탐욕을 부리다 보면 오히려 큰 싸움에서 무너지고 만다. 자신의 욕심을 제어하면서, 싸움에서 이겨야 하고, 육체적 고단함과 고통을 인내하면서 잘 극복해내는 것이 중요하다. 본질에 충실한 마음가짐이 우선이다. 욕심에 이끌리면 본질에 속한 목표를 성취하기가 어렵다.

한 번만 이겨봐라, 인생이 풀린다

자신과의 싸움에서 한 번만 이겨보면 인생이 술술 풀린다. 절제의 가치를 체험하면 무슨 일을 하든지 자기 관리가 잘된다. 특히 자신을 이기지 못하면 사업에서 성공할 수 없다. 탐욕에서 벗어나는 비결은 자신을 이겨내는 것이다. 탐욕으로 표출되는 욕망을 관리하고 다스리면 다음번 유혹도 이겨낼 수 있다.

'자신과의 싸움에서 한 번만 이기면 끝이다'란 의미는 한 번만 이기면 습관으로 형성될 수 있다는 뜻이다. 단 한 번만 이기면 된다. 눈 딱 감고 한 번만 참아보자. 우리가 겪는 싸움의 유형은 의외로 다양하지 않다. 매 순간 단 한 번으로 끝나고, 같은 상황이 반복된다. 한 번이 두 번 되고, 두 번이 세 번 된다. 결국은 한 가지 싸움이 자주, 평생 우리를 따라다닌다. 이겨내면 즐거움이요, 무너지면 괴로움이다.

어느 날 사업에 대해 상담하러 온 중년부부가 들려준 이야기다. 몇 년 전 부동산 중개업자가 땅을 소개해줘서 갑자기 큰 부자가 되었다. 바로 그 부동산 중개업자가 다른 땅을 소개해줘서 묻지도 따지지도 않고 모든 재산을 다 털어서 땅을 샀다가 사기를 당했다고 했다. 지금은 아무것도 남은 게 없다면서 눈물을 글썽였다. 밑바닥에서부터 다시 시작해야 하는데 어떻게 해야 하는지 사업 컨설팅을 받고 싶다고 했다.

나는 이 부부에게 이 경험을 통해 가장 크게 배운 점이 뭐냐고 물었다.

"이제는 누구도 믿지 않으렵니다. 돌다리도 두들겨보고 건너라는 진리를 배웠습니다."

"아닙니다. 틀렸습니다. 탐욕을 절제하는 자세를 배우셔야 합니다. 탐욕을 부리면 사업이든 개인의 일이든 망합니다. 작은 일에 자족하고, 남의 성공을 탐하지 않고, 축하할 줄 아는 마음을 배워야 합니다. 단기간에 사업을 해서 빚을 갚으려다 보면

무리수를 두게 되고, 힘들어 지치게 됩니다. 그러니 욕심을 버리고 여유를 가져보세요."

자신과 싸워서 이기는 방법

더 많이 갖고자 하는 '소유의 유혹'은 태고부터 내려오는 원초적 욕심이다. 사람은 결코 만족하지 못하고 '좀 더 소유하기'를 원한다. 하지만 욕심에 이끌리면 목표를 성취하기 어렵다. 욕심이 아니라 일의 본질에 충실해야 한다.

나는 행복의 반대어가 불행이 아니라 '탐욕'이라고 말하고 싶다. 탐욕은 평안과 행복을 훔쳐가는 도둑이다. 마음을 잘 지키고 단 한 번으로 다가오는 유혹을 이겨낼 때 행복을 유지할 수 있다. 동기를 부여하는 적당한 욕구는 필요하지만, 과도한 탐욕은 삶을 피폐하게 만들기 때문이다. 매 순간 절제를 몸에 익히지 않으면 인생의 행복을 뺏기고 불행을 겪는다. 자신과 싸워서 이기는 방법은 지속적인 배움과 학습으로 익혀야 한다.

자신과 싸워서 이기기 위해서는 첫째, 든든한 미래를 먼저 설정해야 한다. 현재 겪는 어려움을 잘 극복하면 반드시 꿈이 이루어진다고 믿는 것이다. 미래를 위한 큰 꿈이 있는 사람은 배가 고파도 참고 공부한다. 고진감래_{苦盡甘來}, 고생 후에 찾아올 달콤함을 알기 때문이다. 이렇게 훈련된 사람은 미래를 설계할 줄 알고 미래와 이야기하게 된다. 환경을 초월하여 자신과의 싸움에서 이길 수 있는 것이다. 프로는 미래와 약속하는 사람들이다. 대조영이 고구려 재건이라는 미래를 보지 못하고, 부하들에게 보여주지 못했다면 발해의 건국이 가능했겠는가. 그러므로 우리도 미래를 스스로에게 매일매일 보여주어야 한다. 미래의 내 모습을 매일 연상하면서 자신과의 약속을 믿음으로 실천해 가면 된다.

둘째, '조금만 더' 해보겠다는 의지를 가져야 한다. 사람이 중간에 쉽게 무너지는 이유는 조금 더 해보지 않고 '여기까지'에서 멈추기 때문이다. 왜 그런가. 내면의 힘을 충분히 활용하지 못해서다. 사람은 자신에 내재된 힘의 10%도 사용하지 못한다고 한다. 자신과 싸워서 이기는 방법은 마음의 힘을 활용하여 '조금만 더' 해보는 것이다. 우리의 가장 큰 낭비는 숨겨져 있는 힘을 제대로 사용하지 않는 것이다. 자신을 원하는 인물로 만들어주는 힘, 바라는 것을 얻게 해주는 힘, 추구하는 바를 성취시켜주는 힘은 우리 안에 잠자고 있는 내면의 힘이다. 내면의 에너지는 우리가 사용해주기를 바라는데도 우리는 사용하지 않고 있다.

환경을 탓하고 포기한다면 얼마나 어리석은 일인가. 승리는 언제나 내면에서 일어난다. 내면의 끈질김으로 '조금만 더' 해보는 의지를 가져야 한다. 끈질김이란 아집과 편견에 사로잡혀 출세를 위한 사소함에 집착하는 태도가 아니다. 모든 사람이 다 포기해도 '조금만 더' 하는 내면의 힘을 끌어내고 전승하는 것이다.

셋째, 스스로 배워야 한다. 날카로운 막대기로 땅을 개간하는 미개한 농부가 철제 농기구에 대해 알지 못한다면 편리한 방법을 원할 리가 없다. 하지만 그가 철제 농기구를 한번 본다면, 얼마나 유익한지를 깨닫는다면 철제 농기구를 구하려고 노력하고 사용법을 배우려 할 것이다.

모든 영역에서 배움은 일어난다. 배우는 개인과 조직은 미래가 있다. 반면 학습하지 않는 조직은 미래가 없다. 서서히 망할 준비를 하는 것이다. 역사는 배우지 않는 개인과 조직에 대해서는 항상 가혹했다.

넷째, 현재를 즐겨라. 미래의 큰 그림을 그렸다면, 더 이상 앞날에 대한 불안과 장밋빛 미래에 대한 환상을 모두 접어두어야 한다. 미래를 위해 현재를 저당 잡힌 채 살고 있다는 마음가짐은 위험하다. 그러한 마음가짐으로 현재를 견뎌내고 있다면 괴로움에 눌려 오랫동안 버틸 수 없게 된다. 현재 하고 있는 일 자체에 재미와 의미를 느껴라. 그래야 지쳐 포기하는 것을 막을 수 있다.

살을 빼겠다는 목표의식을 가지고, '조금만 더' 견디자는 다짐을 해도, 운동 자체에 재미를 느끼지 못하면 지속적으로 운동을 할 수 없다. 공부와 직장, 인간관계도 마찬가지다. 지속적인 노력으로 자기를 극복하게 할 수 있는 킹핀Kingpin은 현재 하고 있는 노력 자체에서 의미를 찾고 행복의 의미를 부여하는 것이다. 명심하라. 마음의 평화 없이는 그 어떤 것도 이뤄낼 수 없다.

작심삼일, 잘하고 있는 것이다

새해가 되면 사람들은 다양한 계획을 세우고 희망을 품는다. 그러나 대부분은 의지 부족과 주변 환경으로 인해 실패한다. 모 신문사에서 직장인들에게 새해 다짐에 대하여 설문조사를 했더니 '건강을 위해서 운동을 하겠다'가 1위로 나타났고, '어학, 취미 등 자기계발을 위한 공부'가 2위, '금연, 금주'가 그 뒤를 이었다고 한다. 계획을 얼마나 잘 지키고 있느냐는 질문에 응답자의 72%가 '잘 지켜지지 않고 있다'고 답했다. 그 이유로 '혼자 시작하는 게 막연하다' '번거롭고 귀찮다', 그리고 '나를 이기지 못한다'는 응답이 많았다고 한다. 그렇다. 이 세상에 계획을 안 세우거나 못 세우는 사람은 하나도 없다. 다만 그 계획을 실천 하는 것은 아무나 할 수 없는 영역이다. 계획은 실행으로 영글 어지고 성과라는 열매를 맺는다. 실행이 뒷받침되지 않는 계획 은 공염불에 불과하다.

당신은 어떤가. 스스로 한 다짐을 잘 실천하고 있는가. 작심 삼일형은 아닌가?

다음 10가지 질문에 '예' '아니요'로 대답해보라.

1. 나는 무엇이든지 목표한 것은 끝까지 참고 달성한다.
2. 나는 여러 가지를 동시에 잘할 수 있다.
3. 나는 계획은 잘 세우지만 끈기가 부족한 편이다.
4. 나는 누군가 도와주지 않으면 혼자서 계획을 잘 실천하기 어 렵다.
5. 나는 계획을 세울 때 실행 단위로 세워서 평가할 수 있는 것을 좋아한다.
6. 나는 미루어진 계획 때문에 진도가 잘 안 나간다.
7. 나는 계획표보다는 행동 단위로 평가한다.
8. 나는 성과보다는 과정이 더 중요하다고 생각한다.
9. 나는 무슨 일을 하든지 재미를 느낀다.
10. 나는 일의 마무리를 위해 끈질기게 물고 늘어진다.

문항당 10점씩인데 1, 2, 5, 7, 9, 10은 '예'가 10점이고, 3, 4, 6, 8은 '아니요'가 10점이다.

당신은 몇 점인가. 70점 이상이면 '성공가능형'이다. 그러나 40점 이하면 '작심삼일형', 60점 이하면 '작심한달형'이라고 할 수 있다.

이 결과가 절대적 표준은 아니다. 작심삼일형은 어떻게 해야 하는가. 실천 의지를 높이기 위해서 날마다 실천 계획을 체크하고 주변 사람의 도움을 받도록 해야 한다. 작심한달형도 문제는 같다. 작심 한 달이 되지 않게 자아성찰의 시간을 갖는 등 실천 의지를 더욱 강화해나가야 한다. 특히 실천력이 부족한 사람은 목표를 잘게 쪼개서 계획을 행동 단위로 실행해가면 도움이 될 것이다. 예컨대 '토익 900점 목표'보다는 '하루에 영어단어 20개 익히기' 등이 훨씬 효율적이다.

스스로 다짐한 것을 잘 지키기 위해서는 첫째로 쉽고 작은 일부터 실천하는 습관을 기르자. 인내력 향상이 목표라면 '한 시간만 견디자' '오늘 하루만 달성하자' 등으로 구체적인 설정을 해서 자신감을 얻으면 된다. 자신과의 싸움은 단 한 번만 이기면 된다.

둘째로, 되고 싶은 역할 모델을 미리 정하여 그 모델을 마음속에 항상 그리는 것이다. 열망하는 모델이 나의 다짐을 지키도록 이끌어 줄 것이다.

셋째로는 바쁘다는 평계를 대지 않아야 한다. 안 바쁜 사람은 아무도 없다. 계획은 해도 되고 안 해도 되는 게 아니다. 즉시 실행해야 지킬 수 있다.

마지막으로는 목표를 주위 사람과 공유하는 것이다. 서로 기운을 북돋워주어 긍정적인 에너지가 모이도록 한다. 내 힘이 부족하면 이웃의 힘을 빌려 쓴다는 원리다. 원리를 알면 자신과 싸워서 이길 수 있다.

"중간고사 끝난 지 얼마 안 되었는데 또 기말고사입니다. 지금까지 계획한 게 있고 계획대로 실천하려고 하는데 집에서는 공부를 오래 못하겠습니다. 왜 그럴까요. 제 나름대로 끈기가 있다고 생각하는데 자꾸 계획이 빗나가버리고 자신과의 싸움을 이기지 못합니다. 자신에게 지지 말자라고 다짐과 각오를 해도 작심삼일이 됩니다. 어떻게 하면 자신과의 싸움에서 이겨서 성공할 수 있을까요?"

"대표님, 저는 직장생활 5년 차입니다. 목표를 달성하기 위해서 직장에서 계획을 잘 짜는데 뜻대로 안 됩니다. 계획한 대로 실천하려고 하면 옆의 부서 일이나 회사의 급한 일들이 있어서 저희 부서의 계획은 항상 뒤로 밀립니다. 어떻게 하면 계획대로 잘 실천할 수 있고 자신과의 싸움에서 이겨서 성공할 수 있을까요?"

취업을 앞두고 좋은 학점과 스펙을 쌓아야 하는 대학생과 직장인의 고민이다. 그렇다. 계획한 대로 다 술술 풀린다면 성공 못할 사람이 어디 있겠는가. 계획한 대로 이루어지지 않을 것 같아 계획을 아예 하지 않는 것보다는 비록 작심삼일로 끝나더라도 계획을 짜서 도전한다면 잘하고 있는 것이다. 작심삼일을 반복하면 되니까.

왜 계획대로 안 될까. 우선순위로 실행하려는 열정이 부족하기 때문이다. 모든 것에 우선하여 계획을 세웠다면, 그 계획을 지키려는 지혜와 습관이 필요하다. 놀든지, 잠을 자든지, 화장실을 가든지, 텔레비전을 보든지 아무 문제없다. 오늘 계획한 일을 완료하기만 하면 된다.

우리는 시계열 계획, 즉 오전 7시에서 8시까지 전략회의, 8시에서 10시까지 품의서 작성, 이런 식의 계획에 익숙해 있다. 시계열로는 계획의 완료가 어렵다. 묶음 단위로 해야 한다. 다시 말해 행동 단위로 잘라서 계획을 수립해야 한다는 말이다. 간단한 기법이다.

시간에 얽매여서 7시에서 8시에 할 일을 정하고, 8시에서 9시까지 할 일 정하는 것이 계획이 아니라는 것이다. 먼저 해야 할 일, 내가 할 일을 행동 단위로 설정한 다음 그것에 타임 리미트 time limit(마치는 한계시간)를 정해야 한다. 예컨대 영어단어를 외운 후 문제를 푼다는 계획을 세우고 싶다면 영어단어 외우기, 문제 풀기를 중심으로 계획을 짜되 시간은 타임 리미트로만 설정하는 것이다. 이렇게 해야 오후 8시가 되어서 할 일을 다 못했을 때 어영부영 넘어가지 않는다. 놀아도 하루가 지날 즈음에는 당초 목표로 했던 계획이 끝나도록 맞춰진다.

모름지기 자신과의 싸움, 계획을 지키려면 관리 방식을 바꾸면 가능하다. 시간이 지나면 앞의 계획을 실행하지 못했다고 뒤의 계획도 모조리 포기하는 것이 문제다. 그러므로 행동 단위로 묶어서 계획을 관리하고 특별히 계획을 세울 때 약간 빡빡할 정도로 하면 좋다.

자신과의 싸움은 단 한 번의 승리로 끝내버리자. 그리고 무엇이든지 열심히 해보자. 열심히 하려는 마음을 잃으면 인생의 모든 것이 제자리걸음이라는 사실을 명심해야 한다. 지금 힘들다면 이유가 어쩌하든지 잘하고 있는 것이다.

지금 힘들다면 잘하고 있는 것이다

계속되는 실패로 좌절한 이에게
_실패는 패배가 아니다

『이기는 습관』을 저술한 나에게 가슴 아픈 이메일이 왔다.
이겨야만 하는데 뜻대로 되지 않는다는 것이었다.
나는 남과 비교해서 상대를 이겨야 한다는 책을 쓴 것이 아니다.
일관되게 자신의 꿈을 유지하고 어려움이 오더라도 굴복하지 않으며
시간이 걸리더라도 포기하지 않고 최선을 다하는 것,
그 상태에 머물러 있는 것이 이기는 것이다.

수많은 사람이 2등은 가치 없는 거냐고 물었다.
2등이 가치 없다고 말한 적 없다. 세상 살면서 어찌 다 이기겠는가.
지지 않고 사는 사람은 한 사람도 없다.

인생은 넘어지고 일어섬의 연속이다.
넘어지면 일어서면 된다.
많이 넘어지고 다시 일어서는 가운데 불굴의 의지가 생겨난다.
순간의 실패는 누구에게나 찾아온다.

실패만으로는 패배가 아니다.
목표에 대하여 일관된 태도를 유지하고
환경과 상관없는 위대한 말을 하라.
여생에 이루고자 하는 위대한 꿈은 환경에 맡기면 안 된다.

다만 이길 것은 오직 당신의 꿈이다.
환경과 상황이 우리를 억눌러 지배하려 할 때
고요히 수많은 비교들을 내려놓고 당신의 계획을,
당신의 꿈을 생각해야 한다.

남이 아니라 자신에게 집중하고 영혼을 가꾸는 것.
세상을 바르게 바라보고 밝은 마음과 진실한 영혼을 가지는 것.
자신의 일을 사랑하고 게으르지 않는 것.

격랑 속에서도 웃을 수 있고 패배 가운데서도 다시 소망하며
가장 두려울 때 담담하고 가장 연약할 때에 당당할 수 있는
영혼의 힘을 기른 채로 살아가는 것.
이것이 이기는 것이다.

3장

초라하지 않게
살기

어디서든 사랑받는 사람은
외모가 출중한 사람이 아니라
영혼이 아름다운 사람이다.
영혼의 향기가 나도록 영혼을 관리하라.

초라한 말이
초라한 인생을 만든다

크게 선언하고 크게 구하라

참으로 신기한 게 하나 있다. 말은 뱉은 대로 실현된다. 초라한 말을 하면 초라한 결과가 오고, 위대하고 힘찬 비전의 말로 꿈을 꾸면 비전을 이루게 된다.

성공한 기업의 1등 비결은 먼저 큰 비전을 선포하는 데 있다. 그 꿈이 크든 작든 그것은 문제가 되지 않는다. 핵심은 비전을 선포했는가와 구성원들이 그것을 잘 이해하고 공유하고 있느냐이다.

반드시 달성할 수 있다고 확신하고 비전을 공유하면 그 꿈이 아무리 불가능해 보이고 비현실적이라도 이루어진다. 그러나 아무리 작은 것도 불가능하다고 구성원들이 믿고 포기하면 어떤 성공도 만들어낼 수 없다. 성장은 초라한 말에서는 절대로 일어나지 않는다. 성공한 사람들의 한 가지 공통점은 말로 세상을 다 품는 것이다. 다시 말해서 큰 꿈을 꾸고 비전을 선포한다.

어느 날 면접을 하는데 입사 후보자에게 "꿈이 무엇인가요?"라고 물었더니 "이 회사의 회장이 되는 것이 제 꿈입니다"라고 대답하였다. 나와 동료 면접관들이 의아하여 "어떻게 해야 그 꿈을 이룰 수 있다고 생각하나요?"라고 추가 질문을 하였더니 "주인처럼 일하면 된다고 생각합니다. 회사가 어려울 때는 저도 급여를 반납하고 회사가 잘될 때는 미래를 생각하여 회사가 잘되는 방법을 연구할 것입니다"라고 대답했다. 터무니없기도 하지만 기특하다는 생각이 들었다. 포부와 주인의식으로 투철하다면 애사심과 비전, 책임감이 있을 거라 판단하고 좋은 점수를 주었다. 이 청년처럼 꿈을 크게 갖고 선포하는 일이 중요하다. 월급쟁이로 성실하게 잘 살아가는 것도 중요하다. 그러나 더 중요한 것은 하루하루 먹고사는 것 이상의 꿈을 품는 것이다. 꿈조차 초라해서는 안 된다. 큰 꿈은 그 꿈이 황당하더라도 발상을 크게 만들어주기 때문이다.

큰 사람은 초라한 발상을 하지 않는다. 초라한 말을 하지 않는다. 초라한 생각을 하지 않는다. 크게 말할 줄 안다. 크게 생각할 줄 안다. 크게 구할 줄 안다.

크게 말하고 크게 생각하고 크게 구하는 것이란 보다 적극적인 목표와 긍정적인 사고로 미래에 도래할 큰 성공을 선언하고 공유하는 것이다. 예를 들어 선생님이 되고 싶다면 '선생님이 되어서 편안하게 살 거야'가 아닌 '학생들에게 가장 사랑받는 선생님이 될 거야'라고 크게 선언하고 큰 꿈을 꾸라는 말이다.

초라함의 기준은 '소유'를 목표로 하는가 '존재'를 목표로 하는가의 차이다. 다시 말하면 '영향력'이 클수록 '존재'에 가깝다고 하겠다.

외모 가꾸기보다
절박한 마음 관리

마음 관리가 영혼 관리다

외모 가꾸기보다 중요한 게 영혼의 관리다. 눈에 보이는 것은 쇠하기 마련이고 영원하지 못하다. 외모 가꾸기는 잘하면서도 눈에 보이지 않는 마음 가꾸기는 내버려두는 사람이 얼마나 많은가. 나는 너무도 많은 청년과 직장인들이 알게 모르게 상처를 입고 살아가고 있음을 상담을 통해서 지켜봤다. 그들과 두세 시간 이야기하다 보면 마음의 깊은 상처가 드러난다. 치료가 필요하다.

마음의 관리가 영혼의 관리다. 우리 영혼도 자양분이 필요하다. 우리는 알게 모르게 스스로 상처를 받고 타인에 의해서 상처를 받는다. 또한 상처를 무심코 주기도 한다. 상처에서 벗어날 수 있는 길은 무엇인가. 눈에 보이는 것에서 벗어나 보이지 않는 영원한 영혼을 관리하는 일이다. 다르게 말하면 내면의 실패 앞에서 정직한 것이다. 실패와 연약함을 인정할 때 성공의 길이 열린다.

경영컨설팅과 직장인 상담을 통하여 깨달은 점은 실패하고 목표를 이루지 못한 사람들의 공통점이 자신의 잘못을 하나같이 인정하지 않는다는 점이다. 단지 운이 안 좋았다고만 주장한다. 자신의 연약함을 인정하고 내면의 문을 활짝 열어 새롭게 보는 생각을 갖는 것이 중요하다.

자기의 책임을 인정하지 않으면 마음의 평안은 이루어질 수 없다. 자신의 실수와 실패를 인정하지 않으면 성공도 없고, 감격도 없고, 마음의 평안도 없다. 큰 성공을 이루려면 실패 앞에서 정직해야 한다. 정직이 없으면 회복도 없다. 회복이란 자신의 실패에 대해 정직하게 인정하는 것이다. 자신의 실패에 대해 정직하면 몸과 마음에 급속한 치유가 일어난다. 세상에 상처 없는 사람은 없고 상처를 피하는 길도 없다. 반대로 치유할 수 없는 상처도 없다. 어떤 상처도 스스로를 인정함에서 치유된다. 그것을 위해 가장 필요한 전제조건이 실패 앞에서 정직한 것이다. 실패를 인정하고 자신의 부족함을 자각할 때 비로소 발전이 시작된다.

누구나 외모 가꾸기에 열중한다. 외모가 사람의 보이는 인품을 어느 정도는 말해주고 있기에 더욱 신경을 쓴다. 그러나 외모 가꾸기보다 중요한 것은 영혼의 관리다. 영혼의 관리라는 것이 어려운가. 나는 보이는 것에 집중하면 본질을 잃는다고 후배들에게 이야기해준다. 보이는 것은 외모이지만 실제 관리해야 할 것은 마음이고 영혼이다. 외모는 작은 점 하나만 있어도 빼내고 가꾸려고 안간힘을 쓰면서도 마음은 상처가 있고 아픔이 있어도 그냥 달래면서 방치해둔다. 그러다 보면 마음의 상처가 점점 더 자라나 커지고 그것이 마음을 송두리째 상하게 한다. 시커멓게 멍든 마음을 갖고 근사한 외모만 자랑스러워하다 보면 생명력은 상실되고 활력은 줄어든다.

직장생활이나 우리 삶도 마찬가지다. 개인적으로 느끼는 감정이나 상처가 아니라 본질을 보는 눈이 필요하다. 어머니의 잔소리를 많이 듣고 자란 아들은 아내가 조금만 잔소리를 해도 민감하게 반응한다. 아내 입장에서는 충분히 할 수 있는 얘긴데 그렇다. 그때 진짜 문제는 '아내의 잔소리'보다 '자신의 상처'다. 그 상처를 인정하고 "상처를 잘 극복하고 아내 말에 너무 민감하지 않게 하소서!"라고 기도하면 문제가 해결된다. 그때 자신의 상처에 정직하지 못하고 "나는 아무 잘못이 없는데 어쩌다 저런 악처를 만났나?"고 하면 그 가정은 힘들어진다. 문제를 극복하고 치유의 역사를 원하면 자신의 실패에 정직하라. 실패의 현장에 솔직하게 서서 그 실패의 상처를 사랑으로 덮어가는 게 승리의 비결이다.

치유되어야 할 것은 영혼임을 명심해야 한다. 무조건 잘한다, 괜찮다가 아니다. 자신의 약점과 결점을 속 시원하게 털어놓고 이야기해서 전문적으로 마음을 다듬어야 한다. 그래야 격랑의 파도를 넘어갈 수 있다.

상처를 안고 살면 마음 놓고 큰일을 할 수 없고 건강도 훼손된다. 어떤 의사의 말에 의하면 말기 암 환자들은 많은 경우 발병 3년 전쯤 마음에 큰 충격을 받은 의료 기록이 있다고 한다.

마음을 내 자유의지로 온갖 나쁜 유혹에서 관리해 내는 것이 영혼 관리다. 마음을 스스로 다스려내는 것이 외모를 다스리는 일보다 시급하다는 것이다.

내 안의 상처 마주하기

서른을 앞둔 청년이 인생 상담을 하러 연구실에 찾아왔다. 그는 서점에서 내가 쓴 책을 모두 사서 정독하고 감동을 받았다고 한다.

"대표님은 직장에서나 인생에서 어려움을 겪는 약자를 위해 많이 고민하시고 도움을 주는 분이라는 생각이 듭니다. 무엇보다 저 또한 대표님 같은 사람으로 성장하고 싶은 목표가 생겼습니다."

책을 읽고 저자까지 만나러 찾아온 마음에서 진심이 느껴졌다. 인생의 중요한 시절에 나를 멘토를 삼았다니 기쁘기도 하고 막중한 책임감이 생겼다. 그는 마음을 열고 자신의 이야기를 털어놓았다.

"고등학교 2학년 때 IMF로 인해 가족끼리 한 번도 식사를 할 수 없었습니다. 부모님은 사이가 안 좋아지셨고 별거를 하셨습니다. 수능시험 이후 저 또한 바로 일을 시작해서 대학 입학금을 보태야 했고, 어머니께서 가지고 있던 금반지와 목걸이를 팔아서 지방에 있는 대학교에 입학할 수 있었습니다. 그리고 일년 후에 해병대에 지원 입대를 했지만 전역 후에도 경제적인 부분은 전혀 달라지지 않았습니다.

저는 일을 해서 부모님께 도움을 드려야겠다고 생각하고, 힘들지만 많은 돈을 벌 수 있는 조선소에서 전역 후 일을 바로 시작할 수밖에 없었습니다. 제 월급은 빚을 갚기 위해 쓰였고 인생의 꿈은 경제적인 문제에서 자유로워지는 것뿐이었습니다. 그 후에 어머니는 조그마한 가게를 차리셨습니다.

저는 인생에서 꼭 한 번은 영어를 잘해보고 싶었습니다. 그래서 호주로 워킹 홀리데이를 가게 되었고 그곳 대학에서 공부를 하고 싶다는 꿈이 생겼습니다. 2년 동안 영어공부와 일을 하면서 비록 2년제 기술학교였지만 입학 자격을 받았습니다. 증명서를 발급받기 위해 올해 초 한국에 입국하였습니다.

사실 한국에 오면 마음이 흔들릴 것 같았기 때문에 2년 동안 한국에 들어오고 싶지 않았습니다. 역시나 어머니께서는 가게 운영을 힘들어하셨고 카드 빚 때문에 제가 모아둔 돈을 반 정도 드릴 수밖에 없었습니다. 결국 다시 호주로 가지 못했습니다. 부정적인 마음을 버리려고 성공과 긍정적인 변화에 대한 책만 읽었습니다.”

청년의 눈망울엔 눈물이 그렁그렁 맺혀 있었다. 어쩔 수 없는 상황 때문에 힘들어하는 젊은이의 모습이 안타까웠다. 꿈이 없어 게으른 사람이 많은데 부모의 연약함 때문에 마음고생을 하다니. 그러나 꿈을 잃지 않으려는 의지와 열정이 아름답게 보였다.

청년은 호주에서 학비를 벌며 공부할 자신이 있지만 늘 술에 취해 사는 어머니를 두고 한국을 떠날 수 없다고 했다. 어머니를 돌보려는 사랑과 자신의 비전인 자산관리사 사이에서 갈등하고 있었다. 성실한 사람이 경제적으로 힘든 이유를 납득할 수 없다고 했다. 자신과 가정이 모두 부유해지기를 소망한다고 말했다.

사연을 듣고 안타깝고 슬펐다. 어떻게 위로하고 격려를 할까. 멘토로서 어떤 조언을 해줄지 고민했다. 어머니가 정상적인 생활을 회복하는 게 우선이고, 그 후에 합심하여 부채 해결에 최선을 다할 것을 권했다. 특히 본인이 꿈꾸던 자산관리사 일은 포기하지 않도록 일정 기간을 정하여 부채 해결에 우선적 노력을 기울이고 그리고 자신의 꿈의 성취를 위해서 최선을 다하라고 말했다.

청년의 삶 속에서 말로 형언할 수 없을 자괴감과 괴로움이 늘 함께해왔다는 것을 짧은 대화로도 충분히 짐작할 수 있었다. 그러나 중요한 것은 현재의 난제가 미래에도 꼭 난제로 남지 않는다는 점이다. 현재의 어려움이 하나의 깨달음이 되어 삶에 큰 자양분으로 작용할 수 있기 때문이다. 상처만 잘 도려내고 치유할 수 있다면 가난도 아주 큰 위대함을 이룰 수 있는 자원이다.

마음속에 자신이 알지 못하는 상처가 있다. 사람에 대한 불신일 수도 있고 사회에 대한 분노일 수도 있다. 삶 자체에 대한 좌절일 수도 있다. 마음의 병은 영혼에서 시작한다. 연예인처럼 성형수술을 하고 근사한 외모를 가지고 싶은가. 눈에 보이는 것은 가질수록 만족이 없다. 오히려 남과 비교하는 마음이 커지고 뒤처질까 봐 불안해진다. 자기관리 차원에서 단정한 외모를 유지하는 것은 현대인의 필수이며 경쟁력이다. 그러나 영혼도 함께 돌봐야 한다. 영혼을 관리하지 않으면 삶에 활력이 떨어진다. 마음의 병이 생긴다. 공허한 내면을 채우려고 외형에 집착하지만 외형의 변화는 내면에 주는 영향이 미미하다. 내면이 채워질 때야 비로소 행동으로 외면에 비춰지고 삶의 활력을 되찾는다.

상처 치유하기

어떻게 하면 마음의 병을 치유할 수 있을까. 마음의 병은 영혼에서 시작하기에 치유를 위해서는 첫째로 상처 주고 힘들게 한 사람을 용서하는 것이다. 나는 '보응은 하늘에서 하니 당신은 서 있는 자리에서 초연히 자신의 길을 가세요'라며 격려한다.

실제 그런 경험을 많이 한다. 원수를 갚고 싶다면 자신을 더욱 사랑하고 자신의 일과 영혼을 사랑하기 위해서 상처를 준 사람을 용서해라. 어려운 일이겠지만 그것이 자신을 사랑하는 길이다. 상처를 준 사람이 아버지, 형제, 친구, 연인, 동업자 그 누구라도 용서하자. 용서하는 것이 오래된 상처로부터 자유로워지고 치유받는 길이다.

둘째로는 소망을 갖는 것이다. 절박한 것은 어떤 상황에서도 절망하지 않고 소망을 갖는 훈련과 습관이다. 이 또한 어려운 일이겠지만 가만히 찾아보라. 소망을 찾으려고 노력한다면 찾을 수 있다. 생명이 있음에 소망이 있고, 가족이 있음에 소망이 있고, 누군가 나를 위해 기도해주고 있음에 소망이 있다. 실패해도 다시 할 수 있는 기회가 있기에 소망이 있다. 절망한 나머지 소망을 찾지 못하면 그것은 바로 자신의 영혼을 파멸시키는 것이기에 날마다 소망을 찾아야 한다.

절망에 빠질수록 소망에 집중해야 한다. 자신의 영혼을 관리하는 중요한 방편이 소망을 갖는 것이다. 소망은 항상 곁에 있으므로 관점을 소망이 있는 방향으로 바꾸어라. 그것이 훈련되고 자유롭게 이루어질 때 외모보다 영혼을 관리할 수 있다. 사람들은 과거를 원망하면서 앞으로 나가지 않으려는 습성이 있다. 그러므로 나부터 과거의 대물림을 단절하고 자신을 행복하고 안락하게 이끌어 가면 그만이다. '지금까지 나는 이러이러한 이유로 잘 안 되고 잘 안 풀렸어'라는 생각에서 탈출하여 나부터 시작하는 자세가 필요하다. 스스로 소망을 갖지 않으면 누구의 소망도 찾아줄 수 없다. 종교생활에 충실한 방법도 영혼 관리에 좋다. 종교가 없더라도 명상 프로그램이나 분주한 일상 가운데서 안식을 찾을 수 있는 시간을 갖도록 하자.

소망은 미래에 존재하는 것이 아니라 오늘을 통해 이뤄지고 소유하게 된다.

한 소년에게 노인은 세상에서 가장 귀한 선물을 주겠다고 말한다. 그러나 선물이 무엇인지는 알려주지 않는다. 소년은 선물을 찾기 위해 노력하지만 당장 할 일이 많아서 찾지 못한 채 시간이 흐른다. 소년은 성장하면서 선물에 대해 잊어버린다. 성인이 된 그는 직장에서 승진에 탈락하고 매사 마음먹은 대로 잘되지 않는 삶에 대해 불평을 갖는다. 불평이 쌓이던 어느 날 갑자기 그 선물에 대해 생각하게 된다. 자신의 인생을 바꿀 수 있는 선물을 이제라도 찾을 수만 있다면 하는 기대를 안고 노인을 찾는다. 그가 노인과의 대화를 통해서 늦게나마 발견한 선물present의 정체는 '현재present', 바로 오늘이라는 시간임을 깨닫는다.

오늘이라는 시간, 현재라는 시간이 바로 행복을 여는 열쇠임을 깨닫는다. 오래전에 읽은 스펜스 존스의 역작 『선물』이야기다.

순간순간 집중하여 하루하루 의미 있게 보내는 일이 행복이다. 그렇다. 내일이 아니라 오늘이라는 시간에 감사하며 당장 시작하자. 지금 소망을 갖지 못하면 영원히 소망을 갖지 못한다. 소망은 '현재어'이지 '미래어'가 아니다. 내가 지금 시작할 수 있을 때 소망은 시작한다. '이다음에 시작하지'라는 생각은 소망을 갉아먹는 절망의 유혹이다. 소망은 영혼을 풍성하게 관리해준다.

셋째로는 긍정적인 멘토를 만나야 한다. 사람은 누구를 만나느냐에 따라서 성공을 꿈꿀 수도 있고 실패를 맛볼 수도 있다. 항상 부정적이고 불평하는 사람을 만나다 보면 부정적이 될 수밖에 없다. 그래서 긍정적이고 활력이 넘치는 사람을 만나는 것이 중요하다.

직접 만나서 멘토로 삼아 인생의 방향을 정해도 좋고, 책이나 이메일 상담 등 간접적인 방법으로 소통해도 좋다.

삶에서 일가를 이룬 사람들은 긍정적이다. 그러나 막연한 긍정이 아니라 치밀하고 계획적인 긍정이다.

학생들이 내게 묻는다. 어떻게 하면 학점을 잘 받고 좋은 성적을 받을 수 있을지. 차이는 집중력이다. 집중력이 어떠냐에 따라서 성과는 달라진다. 공부하는 학생의 경우에도 영혼 관리의 영향력이 절대적이다. 자신의 영혼을 관리하지 못하면 온갖 생각으로 공부에 집중하기 힘들다. 공부를 잘하고 싶고 직장에서 좋은 성과를 내고 싶은가. 그렇다면 외모보다 영혼을 관리해야 한다.

자신의 영혼을 잘 관리하는 훌륭한 멘토들이 우리 주변에는 많다. 영혼의 관리를 위해서 그들을 만나보면 명확한 가치관을 세울 수 있을 것이다. 아래에 제시한 사례도 좋은 멘토를 만나는 것이 훌륭한 길을 터득하는 데 얼마나 중요한지 보여준다.

젊은 재상이 나이 많은 임금에게 질문을 했다. 임금을 멘토로 삼은 재상이었다. 재상은 어떻게 하면 죄를 짓는 유혹을 피하고 나라를 위한 충신으로 일할 수 있겠느냐는 질문을 했다. 임금은 젊은이의 뜻이 기특하여 지혜를 베풀었다. 재상으로 하여금 컵에 물을 가득히 채워서 이 컵을 들고 제한된 시간 안에 시내를 한 바퀴 돌되, 물을 한 방울이라도 흘리면 큰 벌을 내리겠다고 하명했다. 그리고 창과 칼을 든 군사들을 재상 뒤로 따르게 했다. 젊은 재상은 질문 한번 했다가 큰 곤욕을 치렀다. 드디어 임금이 명한 대로 제시간에 물컵을 들고 궁전으로 돌아왔다. 임금님은 크게 칭찬하며 그의 수고를 고마워했다. 그리고 물었다.

"자네가 시내를 한 바퀴 도는 동안 여자를 보았나?"

"못 보았습니다."

"그럼 술집을 보았나?"

"못 보았습니다."

"그러면 거리에 사람들이 얼마나 있던가?"

"임금님, 못 보았습니다. 저는 아무것도 본 것이 없습니다."

"바로 그것이네. 내가 할 일을 열심히 하면 하지 않아도 되는 시시한 일은 보이지도 들리지도 않는 법이야."

임금은 왜 그런 일을 시켰는지 설명해주었다.

임금을 만나 삶의 원리를 깨닫게 된 젊은 재상은 훌륭한 멘토인 임금 덕분에 이를 교훈 삼아서 바르게 정사에 전념했다고 한다. 항상 남의 떡이 크게 보이는가. 지금 하고 있는 일에 정진하고 집중하여 멘토의 이야기에 귀 기울일 필요가 있겠다.

넷째로 스스로 반성해야 한다. 반성이 없으면 발전할 수 없다. 그러나 반성하고 새로운 결심이 있으면 도전할 수 있다. 지금까지 잘 살아왔다고 자족하면 발전은 거기까지지만, 지속적으로 반성하고 돌이켜서 미래를 약속해나갈 때 목표를 성취하고 상처의 대물림을 종결시킬 수 있다. 스스로를 반성하는 것은 영혼을 관리하는 일인데 영혼의 관리는 우리를 화려하게 재탄생시킨다.

영혼 관리에서 중요한 과정은 근원적으로 상처를 인정하고 반성하는 일이다. 자신으로부터 비롯되었음을 고백하고 깊은 통한이 있을 때 상처는 아문다. 상처가 없는 사람이 어디 있겠는가. 자신이 성장과정에서 받은 상처가 무엇인지 알고 털어내야 한다. 반성이 없으면 고칠 수 없다. 과식하여 배탈이 났다면 많이 먹은 것을 반성해야 과식하지 않겠다고 다짐할 수 있다. 그래야 다음에는 배탈을 막을 수 있다.

명품 옷에 대한 열망만큼 명품 영혼의 소유자가 되도록 꿈꿔라. 옷은 벗으면 그만이지만 영혼은 그렇지가 않다. 한 번 벗으면 영원히 입지 못한다. 영혼의 상태는 쉽게 바뀌지 않는다. 말 한마디, 행동 하나가 쌓여서 성품을 이루고 그 성품은 영혼의 바탕이 된다.

어디서든 사랑받는 사람은 외모가 출중한 사람이 아니라 영혼이 아름다운 사람이다. 영혼의 향기가 나도록 영혼을 관리하라. 비슷한 스펙으로 사회생활을 시작해도 인생의 말로는 영혼의 승부다. 끝이 좋은 사람은 성품과 영혼의 격을 꾸준히 높인 사람이다.

영혼을 관리한다는 것은 양심이 녹슬지 않게 외모 이상으로 관리함을 말한다. 눈에 보이는 외모보다 보이지 않는 마음과 내면이 더욱 중요하고, 양심의 관리가 우리를 진정한 행복으로 이끈다.

내가 잘 아는 선배 이야기를 하고자 한다. 가난한 시골 동네에서 자라나 갖은 고생 끝에 자수성가한 선배가 해마다 연말만 되면 자신이 경영하는 기업의 매출과 이익이 늘어나는 것을 기뻐하며 거래처 사람을 불러서 회식을 하고 자축연을 벌였다. 지난해 연말에도 경영성과가 너무 좋아서 자축연을 벌였는데 비용을 지불하고 나오다가 계단에서 넘어져서 그만 영영 일어나지 못했다. 나는 갑작스러운 사고 소식에 슬픔을 감출 수가 없었다. 그러나 좀 더 조심하고 겸손했더라면 하는 아쉬움이 남았다.

영혼 관리는 자축연을 하는 것보다 고아원이나 양로원을 찾아가서 일일 봉사활동을 하는 편이 삶을 더욱 윤택하게 한다는 의미를 말한다.

그 선배는 영혼 관리를 위한 봉사와 헌신을 하기보다 자기 일에 몰두했다. 부지런하고 일밖에 모르는 성실함이 탁월했다. 그의 장례식에서 많은 사람들이 "사는 게 별거 아니네. 열심히 일만 하더니. 정말 사는 게 별거 아니야"'라며 탄식하는 말을 했다. 영혼의 소유를 위해서 좀 더 시간을 들였다면 좋았을 텐데 하는 생각이 들었다.

허상을 쥐고 여유 없이 빡빡하게 달려온 것은 아닌지 내 모습과도 흡사하여 다시 영혼의 풍성함에 눈을 돌리게 된다.

싫증 내고 포기할 자격,
아직 없다

일단 성취부터 해라

많은 사람들이 내게 진로에 대해 자문을 구한다. 처음에는 열심히 목표를 설정하고 가르쳐준 대로 실행하지만 결과까지 이야기해주는 사람은 거의 없다. 처음에 열심히 하다가 지쳐 포기하든지, 능력이 모자란다는 이유로 그만둔다. 그러나 가장 큰 이유는 싫증 때문이다. 하다가 지루해서 하기 싫은 마음이 생기면 언제 그랬느냐는 듯이 일을 접는다. 새로운 일을 찾아도 이 과정을 반복한다. 싫증은 포기와 이어진다. 싫증을 자주 느낄수록 포기가 빠르다는 말이다. 그러나 싫증은 어느 정도 수준에 도달한 프로의 전유물이다. 자기 분야에서 1등도 해보고 성취감을 맛본 사람이 재충전을 위해 맞는 과정이다.

사람들은 내게 수많은 강연이 힘들지 않으냐고 묻는다. 바쁜 스케줄을 어떻게 다 소화해내느냐고 말한다. 특히 싫증 나지 않느냐고 묻는다. 왜 힘들지 않겠는가. 간혹 싫증도 나지만 "싫증 내고 포기할 자격 아직 없습니다"라고 말해준다. 어떤 일가를 이루기 위해서는 아직 도전해야 할 일이 많기 때문에 아직은 싫증 내고 포기할 자격이 없는 것이다. 이것은 평생 나와 함께할 것이다. 명심하라. 일가를 이룬 후에야 그 분야 업무에 대해 싫증 낼 자격이 있다.

오히려 즐겁게 상황을 받아들이면 안 되는가. 그게 만만치 않다. 우리는 작은 일에서도 쉽게 포기하는 습성이 있다. 나 자신도 그렇다. 그러나 열정적인 목표가 있을 때는 다르다. 꿈이 있을 때는 다르다. 새벽마다 집필과 강연으로 바쁜 내게 아내는 말한다. "왜 그렇게 힘들게 사세요." 그러나 힘들다면 잘하는 것임을 안다. 도전하고 있음을. 내 책을 읽는 독자들이 풍성한 삶의 자양분을 얻기 때문에 "지금 포기할 수 없다"라고 대답해준다.

싫증은 꿈을 이루기 위해 철저한 자기 관리와 절제를 경험한 사람이 누리는 특권이다. 목표를 세우고 죽을힘을 다해 최선을 다하지 않고 싫증 났다고 말하지 마라. 비겁한 변명일 뿐이다. 한 번 포기하면 습관이 되기에 삶의 고비마다 정면승부해야 성장할 수 있다. 포기하고 싫증 내는 꼼수를 끊어내야 한다.

능력이 모자라서가 아니라, 최선을 다해서 힘든 것이다

단지 몇 번을 넘어졌다고 힘들어한다면 프로가 될 수 없다. 삶은 원래 넘어짐의 연속이다. 어릴 적 젖을 떼고 첫걸음을 내디딜 때부터 영원한 안식을 얻기까지 숱하게 넘어지고 일어서는 것이 인생이다.

희망이라는 비타민을 날마다 섭취하라. 희망 비타민은 우리를 행복하게 만든다. 책상 위에 비타민제가 수두룩한가. 희망의 묘약을 먼저 챙겨 먹어야 한다. 한 가지 위로하고 싶은 말은 지금 힘들다면 잘하고 있는 것이다. 힘들게 노력하다가 넘어지는 것은 모든 성취자가 겪는 과정에 나 또한 있다는 뜻이다. 능력이 모자라서 힘든 게 아니라, 최선을 다하고 있어서 힘이 드는 것이다.

힘이 들지 않으면 인생이 아니다. 사는 건 힘들게 되어 있다. 그런데 힘든 이유가 희망을 추구하려는 일이라면 잘하고 있는 것이다.

공부를 너무 못해서 부모와 선생님이 포기한 소년이 있었다. 친구들은 '바보'라며 같이 놀아주지도 않았다. 고등학교를 겨우 졸업하고 취리히공대 입학시험에도 떨어졌다. 그러나 재수해서 취리히공대에 들어간 뒤에 천재성을 발휘했다. 그가 바로 아인슈타인 박사다. 아인슈타인은 스스로 포기하지 않았다. 주위 사람의 저평가에 주눅 들지 않고 꿋꿋하게 자기 길을 갔다.

아무도 날 알아주지 않을 때 대단한 나로 행동하라. 그때를 자존감을 높이는 시점으로 잡으면 흔들리지 않는다. 주변의 반응 때문에 싫증 내고 포기하면 안 된다. 자신의 인생은 값지고 아름다운 것이기에 도전해야 한다. 도전하고 있다는 증거는 힘들다고 생각될 때다. 도전하지 않고 현실에 안주하는데 힘들겠는가. 도전하지 않는 젊음은 초라하다. 창업하라든지 다니던 직장을 당장 그만두라는 식의 이야기는 아니다. 내가 말하는 도전은 지금 하는 일에서 꿈을 이루기 위해 싫증 내지 말고 지속해서 인내로 나아가라는 말이다. 싫증 내고 포기하면 초라해진다. 삶이 초라해지지 않으려면 절대 싫증 내지 말고 포기하지 마라.

현재의 모습이 만족스럽지 않아도 낙심할 필요 없다. 희망 비타민으로 면역력을 키워라. 희망을 먹고 역경을 이겨낸 후에 희망의 빛을 비추는 사람이 되어야 한다. 다른 사람에게 희망을 주는 사람이 있고 희망을 뺏는 사람이 있다. 가장 선한 일과 가장 악한 일이라 할 수 있겠다. 희망으로 현재의 고난을 이겨낸 후에 삶의 후배들에게 희망의 증거가 되라. 내일에 대한 희망으로 가득 차 있으면 싫증을 낼 틈이 어디 있겠는가. 절대 포기하지 않을 것이다. 희망이 있으면 어떤 상황에서든 무슨 방법을 써서라도 살아갈 수 있다. 희망이 없으면 열심히 살아도 허탈하고 즐겁지 않다.

아무리 큰 비전이라도 포기하면 헛된 몽상으로 끝난다. 희망은 희생 없이는 절대 현실로 이루어지지 않는다. 포기하지 않고 대가를 치르면 반드시 꿈은 이루어진다. 당장 꿈을 가로막는 일을 만나도 희망을 붙잡으면 피할 수 있다.

'잔잔한 바다에서는 좋은 뱃사공이 만들어지지 않는다'는 말이 있다. 시련 없이 성공한 사람이 없다는 뜻이다. 고난과 시련 없이 인생을 살아갈 수 없다. 시련은 신이 인간을 단련하기 위해 만든 선물이다. 높은 온도에서 도자기를 구워야만 진품이 되는 것처럼 인간의 인격은 고난을 통해 거듭난다. 시련을 극복하기 위해 노력해보지 않은 자는 작은 일에 좌절하고 낙심한다.

우리는 모두 인생의 운동장에서 달음질한다. 성공이라는 메달을 따기 위해서 기대를 갖고 달린다. 그러나 현실은 기쁨만을 주지 않고 원치 않는 실패를 함께 준다. 그때 생의 의지를 붙잡아야 한다. 싫증을 느끼고 생을 포기하면 안 된다. 누구나 만나는 실패를 어떤 마음으로 대하느냐에 따라 삶이 달라진다. 죽을 힘을 다해 최선을 다해도 당장에 결과가 나타나지는 않는다. 때로는 상황이 더 힘들어질 수도 있다. 포기하지 아니하면 반드시 때가 온다. 성공한 모든 사람이 경험한 인생 법칙이다. 결코 포기하지 않으면 무엇이든 이룰 수 있다는 말처럼 들린다.

숱한 기업 강연과 집필로 바쁘게 일상을 보내다 보면 하루에도 수십 번 포기하고 싶은 마음이 불현듯 일어난다. 그때마다 '조금만 더' 그리고 '많은 사람이 나로 인해 작은 도전을 받을 거야'라며 생각을 정리하고 글을 쓰고 강연을 준비한다. 만약 내가 일상에서 쉽게 포기하고 원고 집필을 미뤘다면 많은 작품이 나올 수 없었을 것이다.

원고 집필로 인해 엉덩이가 물러본 경험이 있는 사람은 책의 성공과 상관없이 스스로 포기하지 않는 삶의 의미를 이뤘다고 생각한다. 비단 집필뿐이겠는가. 매사가 마찬가지 아니겠는가. 포기하지 않는 자세를 몸에 익혀야 삶의 가치가 빛난다.

'조금만 더'라는 마음으로 스스로 격려를 하자. 그리고 내가 조금 더 노력해서 누군가 행복해질 수 있음을 안다면 살아가는 존재의 이유가 충분하지 않을까.

포기하지 않으면 반드시 때가 온다

마거릿 미첼M. Mitchell은 사고로 다리를 다쳐서 젊은 나이에 신문 기자직을 그만두고 퇴직했다. 삶이 끝나버린 것 같은 절망에 낙심했다. 큰 꿈을 안고 기자로 입문했는데 26세 꽃다운 나이에 다리를 못 쓰고 직장까지 잃게 되어 앞이 깜깜했다.

"다리를 다쳐서 기자 생활은 못하지만 내가 할 수 있는 일이 있을 거야."

마음을 다잡고 그녀는 소설을 쓰기 시작한다. 난생처음 쓰는 소설이기에 이야기 전개가 쉽지 않았다. 그런데도 포기하지 않고 작품을 썼고, 무려 10년이 걸려 소설 한 권을 완성했다. 원고를 가지고 3년 동안 수많은 출판사를 찾아다녔지만 누구도 거들떠보지 않았다. 문학상을 받은 작가가 쓴 것도 아니고, 이름도 모르는 사람이 쓴 소설을 누가 보겠냐며 홀대했다. 원고가 너덜너덜해질 정도로 미첼은 출판사를 돌아다녔다.

어느 날 그녀는 맥밀란 출판사의 편집장 해럴드 레이텀Harold Latham이 애틀랜타에 머무는 걸 알고 무작정 찾아간다. 이름도 모르는 소설가가 원고를 들고 호텔까지 찾아온 걸 보고 편집장은 굉장히 놀랐지만, 몇 차례에 걸친 그녀의 청원을 거절하지 못하고 소설을 읽기 시작했다. 별 기대 없이 첫 장을 열었던 편집장은 이내 그녀의 소설에 푹 빠졌고, 그녀가 10년 동안 쓴 소설을 순식간에 다 읽었다. 이후 그들은 한 팀이 되어 시대 배경과 역사적 고증을 거치며 6개월간 퇴고 작업을 했다. 이 책은 출간되자마자 하루에 5만 부가 팔렸다. 1936년 당시엔 굉장한 사건이었다. 이 소설이 바로 그 유명한 『바람과 함께 사라지다Gone with the wind』이다.

자신의 한계를 뛰어넘은 사람의 이야기에는 한결같은 공통점이 있다. 그것은 바로 열정이 있었다는 점이다. 열정이 없으면 포기한다. 열정은 에너지이므로 열정이 식으면 싫증 나고 무기력해진다. 성공은 열정이라는 화려함보다, 열정을 지키기 위해 노력한 땀방울에 있다. 부단히 노력하지 않으면 처음에 품은 뜨거운 마음을 유지할 수 없기에 마음이 식으면 포기하고 싶은 게 자연스러운 현상이다. 한계를 뛰어넘은 자에게는 모두 열정이 있고, 그 열정이야말로 삶을 빛내는 원동력이라 할 수 있다.

가진 게 없고, 시간이 없고, 능력이 없다고 모든 걸 내려놓고 싶을 때 불가능은 없다고 믿어라. 인생은 실패할 때 끝나지 않는다. 실패는 새로운 기회를 가져온다.

삶은 포기할 때 끝난다. 포기하지 않는 한 기회는 찾아온다. 한 번도 넘어지지 않은 사람을 우리는 성공했다고 말하지 않는다. 넘어질 때마다 다시 일어서는 사람, 환경을 이겨내는 사람에게 성공했다고 박수를 보낸다. 어쩌면 성공은 실패의 반대말이 아니라 포기의 반대말인지도 모른다.

포기하지 않으면 희망이 있다. 끝까지 포기하지 않겠다고 다짐하라. 환경이 주는 고통이 클수록 위대함을 이루기 위해 최선을 다할 것이라고 다짐하면 행복하다. 매 순간 포기하지 않으면 꿈은 이루어진다.

나만의 스타일이
곧 무기다

스타일은 전략이다

"어떻게 적자였던 기업을 몇 개월 만에 흑자로 바꾸셨나요?"

"운이 좋았지요."

인터뷰에서 내가 자주 하는 답변이다. 하지만 집요하게 묻는 사람들에게는 한 가지 비결을 더 설명해준다.

"자신의 스타일을 찾아야 합니다."

수많은 사람이 남의 스타일로 승부수를 던진다. 그것은 내 몫이 될 수 없다. 다윗은 골리앗을 물리칠 때 갑옷과 창을 쓰지 않았다. 평상시 쓰던 돌팔매와 물맷돌을 무기 삼았다.

세상 어디에도 없는 자신의 스타일을 만들어내야 한다. 그것이 우리를 부유하게 한다. 기업과 직장인, 개인도 성취를 이루려면 자신의 스타일을 찾아야 한다. 자신의 스타일을 잃어버리고 남의 흉내를 내면 어설픈 인생을 살게 된다. 남의 스타일을 부러워하고 자신을 비하하면 성과는 반감된다.

사슴 한 마리가 연못에서 물을 마시고 있었다. 물에 비친 뿔을 보고 완전히 넋을 잃었다.

"와, 멋지다!"

그러나 피골이 상접한 가냘픈 다리를 보고 실망감이 들었다.

"정말 초라하다!"

그때 갑자기 사자가 사슴을 잡아먹으려고 달려왔다. 사슴은 날렵한 다리를 이용해 사자를 여유 있게 따돌렸다. 그런데 울창한 숲에 들어서자 뿔이 나뭇가지에 걸려 꼼짝 못하게 되었다. 결국 사자에게 잡히고 말았다. 사슴은 그제야 깨달았다.

'내가 부끄러워한 다리는 목숨을 구해주고 자랑했던 뿔은 나를 죽이는구나!'

사슴의 모습에서 강점에 우쭐하고 약점에 움츠리는 인간의 모습이 보인다. 재능이 있고 겸손하면 복이 온다. 부족한 점을 긍정적으로 받아들이면 다른 사람에게 덕이 된다. 그래서 단순히 지금 눈앞에 보이는 모습으로 인생의 희비를 예측할 수 없다. 목적지에 이르는 방법에는 여러 갈래 길이 있다. 어떤 길로 갈지는 선택에 달렸다.

먼저 본인의 스타일을 찾아야 한다. 스타일은 가장 편한 옷을 고르는 일과 같아서 하루아침에 생기지 않는다. 공을 들여야 완성되고 노력한 만큼 빛이 난다. 시험공부를 할 때 눈으로만 책을 읽는 사람이 있고, 쓰면서 공부하는 사람이 있다. 새벽에 집중이 잘되는 사람이 있고, 밤에 몰입이 잘되는 사람이 있다. 일상습관도 차이가 큰데 성과를 내는 방식도 다를 수밖에 없다. 남의 스타일을 따라가는 건 결과를 장담하지 못할뿐더러 자신을 괴롭히는 일이다. 목적한 바를 이루기 전에 지쳐버린다. 그러나 스타일이 자신을 합리화하는 도구가 되어서는 안 된다.

"사람들과 어울리는 게 싫으니까 직장생활을 하지 않을 거야."

"엑셀 작업을 잘 못하니까 엑셀을 많이 쓰는 일은 하지 않을 거야."

인생에 있어 스타일은 불편함을 피하는 행동이 아니라 꿈을 이루는 고유한 전략이다.

얼마 전 연구소에 천장형 에어컨이 필요해서 주문했다. 그런데 전자회사의 지점장이 직접 현장을 방문하고 설치를 지시하느라 몇 번을 다녀갔다. 지점장이 현장을 방문하여 직접 지시하고 설치하는 일에 관여하는 것은 드문 일이다. 나중에 알고 보니 내가 오래전 직장에 있을 때 후배였다.

"우리는 오직 고객의 경험을 통해서 차이를 이야기할 수 있다. 지점장들은 현장으로 찾아가 고객을 방문해야 한다. 솔선수범해야 한다."

나에게 교육받은 대로 후배는 실천을 하고 있었다. 얼마나 기뻤는지 모른다. 누구나 자신만의 스타일이 있다. 작은 스타일의 차이가 나중에 큰 차이를 만들어낸다. 내가 어렵게 조직문화로 정착시켜 좋은 성과로 연결시킨 스타일이 유지되고 있었다.

당신은 어떤 스타일로 세상을 열어가고 있는가. 힘들다면 자신의 스타일을 찾아야 한다. 자신의 스타일은 나의 유일성에서 출발한다.

삶은 우리에게 매일 선택과 집중을 요구한다. 선택에는 책임이 따르고 선택을 미루면 오류를 범하게 된다. 어떤 선택이 옳은지 답을 구하며 헤맨다. 일이 생길 때마다 명쾌하게 답을 내려줄 멘토를 찾는다. 멘토를 찾을 때 유념할 점이 있다. 멘토는 가르치는 사람이 아니다. 좋은 멘토는 상대방이 스스로 내면에서 답을 찾을 수 있도록 이끌어주는 사람이다. 여러 가지 조언을 하기보다 잠재력을 일깨워주고 목표에 맞는 실행을 할 수 있게 돕는 역할을 한다. 생기와 에너지를 불어넣는 멘토를 찾아야 한다. 멘토는 자아를 새롭게 알아가고 재발견하는 기쁨을 주는 사람이다.

스타일은 당당함에서 나온다

인생에 승부를 거는 스타일을 찾으려면 어떻게 해야 할까. 자신을 칭찬하는 일에 익숙해야 한다. 우리는 칭찬에 인색하다. 남에게든 나에게든 흠을 먼저 찾는다. 남의 흠은 뒷담화로 삼고, 자신의 흠은 감춰진 열등감으로 작용한다. 다른 사람을 칭찬할 줄 아는 사람이 자존감도 높고 자아가 건강하다. 누구에게나 통하는 성장의 묘약이 있다면 진심이 담긴 칭찬이다. 후하게 칭찬하라. 스타일은 당당해야 찾을 수 있다. 당당함은 내면의 건강함에서 나오고 스스로 칭찬하는 습관에서 표출된다.

자신의 약점을 자꾸 구박하고 나무라지 마라. 당장 아무 결과가 나지 않아도 현재 무언가 시도하고 있다면 잘한 일이다. 초라한 말은 초라한 인생을 만들고, 멋진 말은 멋진 인생을 일군다. 칭찬은 말에서 시작한다. 나를 세워주는 말에서 아름다운 인생이 꽃핀다.

인간은 혼자 살 수 없기에 더불어 살아야 한다. 공동체 속에서 섞여 다듬어진다. 타고난 기질과 성품이 이웃과 어울리며 발달하고 부족한 점을 깨닫고 다른 사람을 통해 채워지기도 한다. 좋은 성격은 변화에 유연하고 차이를 수용할 수 있는 성격이며 상대방을 배려하는 성격이라 할 수 있다. 이런 성격을 '좋다'고 하는 이유는 적응력이 높기 때문이다.

좋은 성격을 유지하려면 다른 사람을 평가하는 마음을 버리고 참고 기다릴 줄 알아야 한다. 나에게 일어나는 모든 사항을 있는 그대로 수용하는 것이다.

통합의 힘, 수용하고 사랑하고 축복하는 마음이 개인과 공동체에 얼마나 커다란 영향을 주는지 깨닫게 한다. 나에게 해를 끼쳤던 사람을 용서하고 수용하는 경험을 쌓아보자. 남을 배려하는 일이 쉬워질 것이다. 아무리 상대방이 잘못했더라도 비교하거나 비난하지 않고, 넓은 마음으로 같은 편으로 품는 능력이야말로 대인배가 되는 지름길이며 이런 삶의 자세는 시간이 흐

를수록 아름다운 기억을 남긴다.

수용성을 높이려면 항상 더 크게 볼 줄 아는 안목을 키워야 하는데 지금 친구에게 복수하려고 한 대 더 때리면 원수가 되어서 마음이 무겁고 관계가 멀어지듯이 수용성을 높이려면 상대적 자존감이 아닌 절대적 자존감으로 바로 서야 한다. 나아가 소유의 개념을 버리고 존재의 가치를 택해야 한다. 소유는 내게 유불리를 먼저 따지는 자세와 태도다. 존재의 가치를 중요시하면, 유불리를 넘어서 대의에 충실한 것인지, 어떤 존재로 비칠 것인지를 먼저 생각하는 성품을 기르게 된다. 소인배처럼 화를 잘 내고 소심한 성격을 발달시킬지 나의 존재를 성찰하며 살아갈지에 대한 선택이다.

세상을 살아가는 데 있어서 좋은 성품을 이루는 요소가 많겠지만, 잘 살고 진정으로 평안한 삶을 누리는 비결은 정직이다. 정직하면 손해를 보는 것처럼 느껴진다. 그러나 정직은 거침없는 성공으로 인도한다. 정직한 길이 가장 빠른 길이기에 절대 서두를 필요가 없다. 정직해서 손해를 보았다면 반드시 적립된 저축처럼 언젠가 이자가 붙어 내게 다시 돌아온다. 시간이 좀 걸릴지언정 정직에는 진실의 힘이 있기 때문이다. 사람의 마음을 움직이는 마력이 있다.

나는 젊은이들이 찾아와서 고민을 털어놓으면 대부분 진로 문제여서 씁쓸할 때가 있다. 자신의 스타일을 고집하는 사람은 드물다. 세상 어디에도 없는 스타일을 만들려면 내가 잘하는 것을 해야 한다. 스타일은 개발되는 것이지 이미 만들어진 것이 아니다. 자신의 향취가 나는 것이 삶이다.

한 청년은 자신은 개성이 있어서 훌륭한 기업가가 될 수 있다고 주장했다. 그때 나는 그런 아집을 부리면 조직이나 사회생활에서 외골수로 보이고, 따돌림을 받을 수 있으니 개성에만 치우치지 말라고 당부한다. 잘 어울릴 줄 알고 남의 의견도 두루 수용할 줄 알되 다만 나의 스타일을 갖고 일해야 한다.

흔히 개성이라는 울타리로 남들의 의견에 동조하지 못하는 태도는 스타일이라 할 수 없다. 자신의 스타일은 성격의 문제가 아니라 문제를 풀어나가는 형식을 이야기한다. 만약 어떤 사람이 부산을 가고자 하는데 꼭 비행기로 가겠다고 고집하는 것을 개성이라고 생각하면 곤란하다. 부산을 가는 데는 비행기와 기차, 승용차와 배 등 여러 방법이 있다. 다만 부산을 가는 목적에 따라 시간과 교통편이 달라질 수 있는 것이다.

나는 현장을 나갈 때 시간에 맞게 움직이는 스타일이다. 그래서 가급적 지하철을 이용한다. 기사가 운전을 하면 편하기는

하지만 정확한 시간을 맞추기에는 지하철이 가장 편리하다. 사람 냄새도 풍기고 새로운 아이디어를 얻을 수 있다. 우리는 어떤 교통편을 이용했느냐를 스타일로 착각한다. 그러나 스타일은 약속에 늦지 않게 스케줄대로 움직이는 행동이다. 교통수단은 방편일 뿐이다.

자신의 스타일이라고 절대로 융통성 없이 고집을 부리면 성공하기 힘들다. 이 세상 사람들은 수많은 스타일을 가지고 살기 때문이다. 나만의 스타일이 옳다고 생각하는 것은 오류에 빠질 수 있기 때문에 금물이다.

50분 공부하고 10분 쉬는 게 공부 스타일이라면 그렇게 하면 된다. 주변 동료가 2시간 공부하고 10분 쉰다고 따라 할 필요가 없다.

자신의 스타일을 최대한 존중하면 차별화가 되고 목표를 이루기 쉽다.

성공보다 성숙이
우선이다

유혹을 이겨내야 온전한 사람이 된다

나는 어처구니없는 일로 목표를 이루기 전에 하차하는 사람을 숱하게 보아왔다. 가만히 살펴보면 모든 원인은 탐욕이다. 탐욕이란 가지지 못한 것을 지나치게 갈망하여 갖고 싶어 하는 마음으로, 절제와 자족의 반대말이라 할 수 있다. 조금만 주의를 기울이면 훨씬 더 존경받고 승승장구할 텐데 이기적 욕심에 명예를 실추하고 스스로 망가진다.

성공보다 중요한 가치는 성숙임을 명심해야 한다. 성숙이란 자족할 줄 아는 능력을 갖추는 것을 말한다. 자족하는 능력은 유혹을 이겨내는 상태에 머물러 있는 것이다. 성숙한 사람이란 결국 유혹에 강한 사람을 말한다. 성숙한 사람이 성공한 상태를 유지할 수 있다. 성숙하지 못한 사람에게 잠깐 찾아온 성공은 독이다.

성공보다 성숙이 우선이라는 말은 인격의 됨됨이가 중요하다는 뜻이다. 성공에 몰입하는 한 성숙은 점점 멀어진다. 성숙에 기반한 성공이 오래간다. 성숙은 유혹을 이겨내는 특성을 갖고 있다. 본능에 치우쳐서 생활하지 않고 절제를 통해 성숙하게 사는 삶이 성공을 우리 곁에 머물게 한다.

독일의 소설가 헤르만 헤세Hermann Hesse는 유혹이 인간의 마음에 뿌려진 무서운 병이라고 말하면서 인간은 세 가지 유혹에 빠진다고 했다. 거친 육체의 욕망인 '향락'과 자기 잘났다고 거들먹거리는 '교만', 그리고 졸렬하고 불손한 '이기심'이라고 말하면서, 이 세 가지만 없었다면 지상에는 완전한 질서가 이루어졌을 것이라고 했다.

누구나 유혹이라는 병에 걸려서 살아가고 있다. 인간은 언제나 유혹 앞에 노출된 삶을 산다. 그러나 성숙한 사람과 그렇지 못한 사람의 차이는 유혹 앞에 선 자세다. 성숙한 사람은 어떻게든 유혹에서 벗어나지만 성숙하지 못한 사람은 언제나 자기 스스로를 합리화한다. 그래서 뿌리치지 못하고 유혹에 빠져 산다. 가만히 살펴보면 유혹에서 헤어나오지 못하도록 얽어맨 생각이 있다.

내면을 얽어맨 고질적인 생각에서 벗어나면 유혹을 이겨낼 수 있다. 유혹에 빠뜨리는 생각에 대해 알아보자.

첫째는 '누구나 다 하는 일이니까'라고 흘려버리는 것이다. 여기에 걸려들면 이제까지 성실하고 정직한 나, 헌신하고 충성했던 자아가 사라져버린다. '남들도 다 그렇게 사는데 나만 바보처럼 살아야 해? 다른 사람이 하는 짓인데 난들 못할 게 뭐냐'는 생각이 들면서 대중 속에 몰입되어 살아간다. 부끄러움을 영광으로 삼는다.

둘째는 '대수롭지 않은 일이니까'라는 생각이다. '이 정도쯤은 괜찮지 뭐' 하는 마음이다. 말하자면 별것 아니니까 심각하게 생각하거나 신경 쓸 것 없다는 말이다. 설마 하던 일이 엄청난 결과를 몰고 왔을 때는 이미 늦다.

셋째로 우리를 유혹하는 생각은 '이번 한 번뿐이니까' 하는 생각이다. '단 한 번의 거짓말인데 뭘 그리 괴로워하느냐, 딱 한 번 눈감으면 모든 것을 얻을 수 있는데 뭘 고민하느냐'면서 양심의 부패를 부채질한다. 그러나 이것이 얼마나 무서운 일인지 모른다. 점점 양심의 가책에 무감각해진다.

어떤 일이든 '한 번'에서 시작한다. 옛말에 '천리 길도 한 걸음부터'라고 했다. 무슨 일이든 시작이 중요하다는 말이다. 성공뿐 아니라 사람이 실패할 때도 항상 첫걸음이 있기 마련이다. '한 번쯤이야'라는 생각을 결코 우습게 넘기지 말아야 한다. 일생을 좌우하는 위험한 결과를 초래한다.

한 사람이 성숙하기까지 그 과정에는 많은 유혹들이 찾아온다. 순간순간 유혹에 넘어지지 말고 이겨내야 온전한 사람이 된다. 목표를 위해 달음질하고, 거기에 합당한 인내를 해야 여러 사람의 궤술과 세상 풍조의 유혹을 이기고 성숙에 이를 수 있다.

자전거를 탈 때 서 있으면 넘어지고 페달을 밟아 움직이면 계속 나아간다. 맥스웰 몰츠Maxwell Maltz라는 심리학자는 "사람은 활동하는 면에서 자전거와 같아서 목표나 목적을 달성하기 위해 전진하지 않으면 곧 넘어진다"라고 했다.

성공보다 성숙이 우선이다. 성숙은 사람 '됨됨이'를 말한다. 어렸을 때부터 작은 일에 남을 배려하고 피해를 주지 않는 법을 배워야 한다. 성숙하지 않은 사람이 성공하면 오히려 위험한 인물이 된다. 언제 터질지 모르는 폭탄처럼 다른 사람에게 해를 끼칠 수 있음을 명심해야 한다. 겸손한 말과 행동이 습관화되어야 성숙한 사람의 향기가 난다. 성공의 노예로 살아가는 초라한 인생이 아니라 품격 있는 사람의 아우라를 뿜어내야 한다.

테레사Teresa 수녀는 어떻게 평생 가난한 사람을 위해 봉사를 할 수 있었을까? 헬렌 켈러Helen Keller 여사가 장애를 이겨내고 대학 강단에 설 수 있었던 힘은 무엇일까? 이들이 위대한 이유는 일관성 있게 인류의 행복을 위해 최선을 다했다는 점이다. 명예나 위대함을 과시하기 위해 몸부림친 것이 아니라 성숙한 인격을 갖고 사랑을 추구했다는 말이다.

사랑은 최고의 성숙이다

사랑할 줄 아는 사람은 성숙하다. 사랑은 눈높이를 동일하게 맞추는 것이라 할 수 있다. 눈높이를 맞추려면 낮아져야 한다. 스스로를 낮추는 것은 아무나 할 수 없다. 이 세상을 살아가는 데 가장 귀한 에너지가 있다면 그것은 사랑이다. 누군가를 사랑하는 일은 상대의 눈높이에 나를 맞추어내는 것이다

어느 날 직장인 여성이 다음과 같은 질문을 가지고 내게 상담을 하러 왔다.

"마케팅 일을 하고 있는 직장인입니다. 이번에 상품을 출시하고, 활성화를 시키기 위해 고군분투 중입니다. 교육 콘텐츠 contents 분야에서 일하고 있고, 언젠가는 콘텐츠 분야의 글로벌 리더가 되겠다는 마음을 먹었답니다. 목표를 위해 한 방향으로 하는 게 쉽지가 않네요. 다른 길도 많이 보이고, 다른 컨슈머 consumer 제품도 맡아보고 싶은 생각이 듭니다. 어떻게 목표를 관리하는 게 좋을까요. 대표님이 비결을 알려주시면 많은 도움이 될 것 같아요."

나는 성장보다 더 중요한 것이 성숙이라고 상담해주었다. 성숙을 완성시키는 과정에는 자신과 일, 이웃에 대한 사랑이 있어야 한다고 덧붙였다. 마케팅 담당자의 목표 달성은 고객의 목표를 달성해나갈 때 가능하다. 자신의 목표를 어떻게 관리할 것인가에 집중하다 보면 성장 중심이 되어 자칫 실수할 수 있다. 성장을 하지 말라는 말이 아니다.

성장은 어떤 의미에서든 좋은 것이지만 지속적인 성장을 이루지 못하고 일회성으로 멈출 때가 문제다. 후유증과 부작용이 크기 때문이다. 고객을 사랑하는 마음으로 가득 채우고 사랑의 지수를 체크해간다면 성숙한 프로가 될 수 있음을 설명해주었다. 그녀는 도전하고 초라한 젊음을 탈피하기 위해 부지런하게 애쓰는 사람이다. 그래서 깊은 조언을 해주고 싶었다. 성장보다 성숙이 먼저고, 성숙을 이루는 첩경이 사랑이라는 사실을 말이다. 성숙의 의미를 이해한 사람이야말로 성장이라는 열매를 풍성하게 거둘 것이다.

　사랑하는 고객을 얻기 위해서 자신의 눈높이를 낮춘 여성의 태도는 높은 사랑지수를 보여준다. 사랑은 관심, 존중, 이해, 책임, 주는 것이라고 할 수 있겠다. 사랑의 비밀은 받는 것보다 나눠줄 때 기쁨이 커진다는 사실이다. 인생에서 사랑은 가장 중요한 것이다. 사랑이 필요하되 진실한 사랑은 더더욱 그렇다. 사람은 사랑받지 않고 살 수 없기에 사랑받기를 절실하게 원한다. 사랑을 확인하지 않고선 살 수 없다. 사랑을 확인하고 알고 깨닫고 느끼고 감사하며, 나 또한 사랑을 주면서 살아야 막힘이 없다. 사랑도 순환이 되어야 건강하다는 말이다. 인생의 고난이 닥치더라도 사랑의 관계가 확실하면 살 수 있고 견딜 수 있고 질병도 이길 수가 있다. 사랑의 관계가 무너질 때 더 이상 살아야 할 이유를 찾지 못하는 것이 인간이다.

　생활 현장에서 매일 사랑지수를 높여라. 사랑을 표현하는 말은 초라하지 않다. 하루를 생기 있게 하고 듣는 사람을 즐겁게 한다. 나의 자존감과 상대의 자존감이 함께 높아진다.

　사랑은 작은 관심에서 시작한다. 바뀐 머리 모양, 옷, 집안의 안부 등 조금만 관심을 기울이고 마음을 표현하면 사랑의 인사가 된다. 이기적인 성공자로 살 것인가, 아름다운 성숙자로 살 것인가는 사랑지수에 달려 있다. 사랑의 범위를 '나'로 한정 짓지 말자. 넓고 깊게 사람을 품고 살아가면 성숙한 사람의 기품이 흘러나온다.

성숙한 사람이란 결국 유혹에 강한 사람을 말한다. 성숙한 사람이 성공한 상태를 유지할 수 있다. 성숙하지 못한 사람에게 잠깐 찾아온 성공은 독이다.

가진 것이 없어 스스로 초라해진 이에게
_ 결핍에서 자유로워져라

아름다운 외모, 비범한 능력, 부러워할 만한 재산.
가지고 싶은 모든 것을 다 가진 자들도 있지만,
때로 곤궁과 결핍에 초라해지기도 하는 것이 삶이다.

한 줄기 빛도 없다고 느꼈던 시기가 있었다.
끼니를 걱정할 정도의 가난, 일찍 돌아가신 어머니에 대한 결핍.
가난만 해결된다면 바랄 것이 없을 것이라 생각했던 시절이었다.
모든 것을 감당해야 하고 모두를 책임져야 한다고 생각한 날들.

벽과 같이 느껴지는 한계 속에서 살아오며 배운 것은
곤궁과 결핍을 관조하는 법이다.

결핍에 집착하지 않고 환경의 지배에서 벗어나는 것.
외모도 능력도 부도 명예도 삶을 책임질 주인이 될 수 없다는 것을 깨
달아야 결핍에서 자유로워질 수 있다.

완벽한 환경 같은 것은 어디에도 없다.
잠시 동안 존재하는 부와 명예는 영원한 평화를 가져다주지 못한다.
영원히 변치 않을 마음의 주인이 되어야 한다.
고작 땅주인 되는 데 인생을 걸어서야 되겠는가.

눈에 불을 켜고 돈만 좇는 사람은 절대 부자가 될 수 없다.
물질은 추구해야 할 것이 아니라 따라오는 것임을 깨닫지 않는 한 물질을 얻을 수 없다.

가지지 못한 모든 것들은 가볍게 여기고 신념에 집중하라.
스스로의 영혼에 정직하게 바로 서는 것이 먼저다.
소유에 집착하면 초라해진다.
소유로 한계 지을 수 없는 마음의 주인이 되어 결핍을 이겨야 한다.

4장

성공의
필요조건

자신이 가장 잘할 수 있는 일에 올인하고,
그것을 유일한 가치로 만들어라.
본인이 가진 장점이 아무리 사소한 것이더라도
좋은 전략이 있다면 성공할 수 있다.

위기의식이 능력치를 올린다

연애를 하는 청춘 남녀들은 하루만 상대방에게 연락이 안 돼도 일이 손에 잡히지 않게 된다. 휴대폰 배터리가 방전돼 잠시라도 통화가 되지 않으면 불안해한다. 이러한 불안, 건강한 긴장 덕분에 서로의 안녕이 체크되고 연인 사이가 회복된다. 관계가 깊어진다. 살면서 불안하고 힘들어해본 적이 있는가. 그렇다면 잘하고 있는 것이다. 불안을 느끼는 것은 안정을 추구하기 위한 필연 과정이기에 그렇다.

"박사님, 다음 주에 임원들 앞에서 프레젠테이션을 하는데 너무 떨립니다. 준비를 많이 해도 불안하네요. 긴장하지 않고 잘하는 방법을 알려주세요."

이런 고민을 들을 때마다 최선을 다하는 태도에 감동을 받는다. 좋은 성과를 내기 위해서 불안한 마음이 드는 것은 당연하다. 긴장하지 않고 잘하는 방법은 없으므로 건강한 불안은 최상의 컨디션까지 끌어올리는 연료라 할 수 있다.

불안한 마음은 비관적이고 부정적인 마인드와 다르다. 명확한 목표가 있고 그것을 이뤄내는 사람들의 공통적인 감정이기 때문이다. 불안하지 않은 현대인은 없다. 일을 하면서 크고 작은 불안한 마음을 자연스럽게 받아들여라. 지금 불안하다면 잘하고 있는 것이다. 조직에서는 건강한 불안감과 뛰어난 수행능력을 겸비한 인재를 원한다.

불안한 것이 지나치면 안 되겠지만 그래도 잘하려는 긴장과 건강한 불안은 발전으로 연결된다. 프로골퍼들이 한 타 한 타에 긴장하고 사력을 다하듯이 우리 삶도 한 땀 한 땀 건강한 불안을 딛고 일어선다. 성공한 사람들치고 잠을 설치지 않은 사람이 없고, 긴장과 적당한 불안감 없이 세월을 보낸 사람이 없다.

성공은 인간이 살아가는 데 가장 기본적인 욕망 가운데 하나다. 욕망이나 야망을 갖는 것 자체를 나쁜 것이라고 착각하는 사람들이 많다. 그러나 기본적인 야망과 욕망 없이는 목표를 이룰 수 없다. '나의 성공 스토리'를 만들 수 없다. 건강한 야망과 건강한 욕망으로 성공을 꿈꾸는 것은 삶의 훌륭한 원동력이 되어준다.

다만 야망과 욕망으로 삶을 망가뜨리지 않으려면 성공의 개념을 분명히 정립해야 한다. 사람들은 흔히 목표로 했던 돈을 벌거나, 바라던 지위와 명예를 얻으면 성공했다고 이야기한다. 하지만 인생에서의 성공은 최후에 도달하는 어떤 지점이 아니라 지속적으로 얻어지는 가치다. 성공은 가치 있는 목표를 이루어나가는 상태에 있는 것이다. 이것을 분명하게 명심하지 않은 사람은 성공만 좇다가 아무것도 느끼지 못한 인생을 살고 만다. 성공을 바라던 것을 얻는 한 시점으로 정의했을 때 그 시점에 다다르지 못하면 어쩌겠는가. 실패한 인생이라 평가할 것인가. 올바른 성공의 개념은 그런 것이 아니다. 매일매일 가치 있는 목표를 향해 정진해나가는 상태에 있는 자체가 성공이다.

노력했는데도 결과를 얻지 못하는 것만큼 억울한 일이 또 있을까. 심은 대로 거둬야 일할 맛이 난다. 그렇다면 노력한 만큼 결과를 얻는 비결은 무엇일까. 논에 미꾸라지를 키울 때 한쪽 논에는 미꾸라지만 넣고, 다른 한쪽에는 미꾸라지와 함께 메기를 키우면 메기를 넣어 키운 쪽의 미꾸라지들이 훨씬 살쪄 있다고 한다. 메기를 넣어 키운 쪽의 미꾸라지는 메기에게 잡아먹히지 않으려고 늘 긴장한 상태에서 활발히 움직여 튼튼해질 수 있었다.

적절한 긴장과 자극이 있을 때 자신이 원하는 어떤 존재로 발전해간다. 건전한 위기의식이 있어야 변화에 적응하는 능력이 생긴다는 말이다. 즉 노력한 만큼 결과를 얻는 비결은 적절한 긴장과 자극이다. 지금보다 더 발전된 상태로 나가겠다는 위기의식 없이 건강한 발전을 얻어낼 수 없다. 긴장과 불안이 나를 더 절차탁마하게 하고 더욱 발전시킨다는 점을 항상 기억하라. 물론 순간순간의 삶에서 위기의식을 가지고 발전하려는 마인드를 갖는 사람은 드물다. 사람들은 본래 편하고 쉬운 길을 선택하려고 하기 때문이다.

기업들이 때때로 '비상 경영'을 선포하는 이유도 긴장과 자극을 통해 성과를 극대화하려는 의지다. 치열한 경쟁에서 살아남으려면 위기의식은 필수인데 지금 잘나간다고 방심하는 태도는 가장 위험하다. 성공을 오랫동안 지켜내지 못하고, 성공하기 전보다 몰락하는 사람의 공통점은 위기의식이 없다는 것이다. 긴장감이 지나쳐 집중을 하지 못할 지경이면 곤란하겠지만, 긴장감이 없으면 수행능력이 떨어지고 나태해진다. 적정한 긴장은 늘 우리 몸과 마음을 최적의 상태로 만든다. 쥐에게 적당한 스트레스를 주면 긴장해서 몸이 건강해지고 병에도 잘 걸리지 않는다고 한다. 아무런 스트레스를 주지 않고 편안히 키운 쥐보다 적당한 스트레스를 준 쥐가 더 건강하다는 것이다.

건강한 불안은 성공을 위한 보약이 되어 창의적인 접근을 시도케 하고 삶에 노력을 기울이게 한다. 긴장을 위한 긴장, 스스로 다스릴 수 없는 불안이 아니라 도전하기 때문에 불안하고 긴장하고 힘들다면 걱정하지 않아도 된다. 당연한 과정을 지나가고 있는 것이고, 잘하고 있는 것이다.

새로운 접근을 가능케 하는 방법

"박사님, 올해 경영 모토를 무엇으로 정하면 좋을까요?"

연초마다 기업의 CEO들이 찾아와 묻는다. 그때마다 나는 '새로운 접근'이라고 답한다. 조직의 목표는 성과를 내는 것이다. 성과를 내기 위해서는 새롭게 봐야 한다. 새로운 접근을 하려면 위기의식을 갖고 긴장감과 불안을 가져야 한다. 현재를 바꾸지 않으면 매너리즘에 빠진다. 매너리즘에 빠지면 제자리걸음을 반복하고 성장이 없다. 신선한 눈으로 상황을 인식하고 해석해야 한다. 새로운 접근을 하려면 네 가지 변화가 필요하다.

첫째로 '프레임frame'을 바꿔라. 새로운 접근에서 프레임은 한 마디로 '새 씨앗을 뿌려라'이다. 새 씨앗을 뿌려야 새순이 나오고 새로운 과실을 기대할 수 있다. 하던 대로만 해서는 큰 성과를 얻을 수 없다. 새로운 씨앗은 새로운 고객, 새 시장, 신제품 등이다. 새 고객을 확보하기 위해, 새 시장을 개척하기 위해, 신제품을 만들기 위해 총력을 쏟아야 한다. 개인도 마찬가지로 날마다 다람쥐 쳇바퀴 도는 것 같은 생활로는 큰 성과를 낼 수 없다. 판을 바꾸듯이 새 모판을 준비해 새롭게 접근해야 한다.

컴퓨터회사였던 애플이 '아이팟'이라는 새 씨앗을 뿌렸다. 그리고 성공했다. 애플과 삼성전자가 스마트폰이라는 새 씨앗을 뿌렸다. 그리고 성공했다. 박찬호가 야구 해설위원으로 새 씨앗을 뿌렸다. 이렇게 판을 새로 짜는 것을 프레임을 새로 짠다고 한다. 나는 직장생활을 기반으로 기업의 임원, 대학의 교수, 작은 기업의 CEO, 그리고 청년들을 위한 멘토로 새로운 프레임을 짜고 있다.

둘째로 '로드맵roadmap'을 다시 그려라. 기업의 모든 일은 프로세스로 움직인다. 프로세스를 어떻게 설정하느냐에 따라 성과가 달라진다. 성과를 내려면 프로세스를 설정하는 로드맵을 다시 그려야 한다. 성과가 나지 않는 이유는 해오던 방식대로 기존 프로세스만을 고집하기 때문이다. 하루만 지나도 새로운 기술이 무궁무진하게 나오는 현시대에 새로운 기술과 방법으로 로드맵을 재구축해야 한다.

어느 날 젊은 직장인이 허겁지겁 내 연구실로 자문을 구하러 왔다. 열심히 하는데 도무지 성과가 나지 않는다고 했다. 그동안 회사에서 배운 대로, 선배들이 가르쳐준 대로 하는데도 성과가 나지 않는 이유를 알고 싶다는 것이다. 그에게 말했다.

"성과가 나지 않는다면 프로세스를 바꾸세요."

프로세스를 줄이고, 늘리고, 없애고, 추가하는 것이 혁신이며 성과 창출의 지름길이다. 그저 공부만 열심히 한다고 성적이 오르는 것이 아니다. 하루에 12시간 이상 책상에 앉아서 열심히 책을 보는데도 성적이 오르지 않는다면 프로세스에 문제가 있는 것이다. 기존의 책만 보던 방식을 바꿔보면 어떨까. 책을 보는 데 절반의 시간을 썼으면 나머지 절반은 문제를 푼다든지, 동료와 공부한 내용을 확인하는 시간을 갖는다든지 프로세스를 바꿔야 한다.

성공의 필요조건

셋째로 '관계'를 새롭게 하라. 성과는 소통을 통해서 창출된다. IBM이 컴퓨터의 하드웨어를 개발하고 만들었지만 가장 돈을 많이 번 회사는 이를 연결해준 마이크로소프트였다. 마이크로소프트는 IBM과 접촉함으로써 국제적 기업으로 거듭났다.

관계는 때로 생각한 것 이상으로 성공을 가져다주는 열쇠가 되곤 한다. 물론 소통되고 시너지를 내는 관계일 경우에 말이다. 나는 이것을 '운접運接하라'고 역설한다. 운이 좋은 사람과 만나고 접촉하라는 말이다. 다시 말하면 나와 궁합이 가장 잘 맞는 파트너와 일을 해야 성과가 따라온다는 뜻이다. 좋은 관계가 좋은 운으로 연결된다.

'유유상종類類相從'이라고 같은 부류의 사람들끼리 어울린다. 불평하는 사람과 계속 있다 보면 불평이 늘어나고, 긍정의 에너지를 발산하는 사람과 같이 있으면 긍정의 에너지를 받게 된다. 운이 좋다는 것은 무엇인가. 기대한 것보다, 노력한 것보다 더 많은 성취를 얻어내는 일이다. 그런데 묘하게도 새로운 사람을 만나서 서로 협력할 때 운이 다가오는 경우가 많다. 이웃을 긍정적으로 이해하고 믿어주고 신뢰할 때 주변의 사람들과 더불어서 운도 작용한다. 이웃을 이해하려면 내가 조금 손해를 봐야하고, 당연히 힘든 시간도 보내야 한다. 하지만 그렇게 힘든 것이 오히려 잘하고 있는 것이다.

마지막으로 '근본적인 변화'를 시도하라. 즉, 가치를 찾는 것이다. 이제는 제품을 팔지 말고 가치를 팔아야 한다. 개인들도 마찬가지다. 일을 하지 말고 자신에게 유일한 가치가 부여된 소명을 수행해야 한다. 장미라는 꽃에 '사랑'이라는 의미가 없다면 사람들은 장미에 높은 가치를 주지 않았을 것이다. 명품은 그것이 갖는 '가치' 때문에 비싼 가격에도 엄청난 속도로 팔린다. 가치가 있으면 사람들은 더 큰 대가를 지불하고서라도 그것을 소유하려 한다. 루이비통이나 샤넬은 가죽백 이상의 의미를 던진다. 박지성은 우리에게 축구 선수 이상으로 부지런함, 최고의 헌신, 열정적 프로라는 의미를 던져준다.

조직은 우리에게 최고의 전문가가 될 것을 기대한다. 조직생활을 할 때 전략의 핵심은 새로운 접근으로 나만의 재능을 키워가는 데 있다. 당신만의 의미를 만들어라. 일에도 당신만의 의미를 부여하고, 삶에도 당신만의 의미를 부여하라. 무슨 일이든 가치를 찾은 다음에 일해야 매너리즘에 빠지는 것을 막을 수 있고 성과도 효율적으로 이뤄낼 수 있다. 당신이 지금 힘들다면 무엇 때문에 힘이 드는가. 그저 하루하루 주어지는 일 때문에 힘들다면 의미를 만드는 데 힘을 쓰도록 노력해야 한다. 의미 있는 일, 가치 있는 일이라고 여길 때에 우리 뇌와 영혼은 전력을 투구한다. 노력하는 대로 내가 그려지고 만들어지기 때문이다.

많은 사람이 자신은 새롭게 접근하지 않으면서도 좋은 성과만을 기대한다. 그럴 확률은 매우 낮다. 위에서 말한 네 가지 중에서 어떤 것이라도 한 가지만은 새롭게 접근해야 좋은 결과를 얻을 수 있다.

똑같이 힘이 들어도 새로운 접근을 하느라 힘들어야 한다. 과거를 고수하느라 힘들어한다면 그것은 어리석은 일이다.

세상을 바꾸는 위대함은 새로운 접근, 발전적 힘듦에서 일어났다. 새로운 접근은 자기가 잘하는 일에서 시작하는 것이 중요하다.

나는 강연을 통해서 자신이 가장 잘할 수 있는 일에 몰두하고, 그것을 유일한 가치로 만들라고 강조한다. 청소를 잘하는 사람은 청소하는 일로, 노래를 잘하는 사람은 노래하는 일로 본인이 가진 최고의 강점을 살려 전략을 짜면 된다. 아무리 사소한 텔런트talent라도 좋은 전략이 있다면 성공할 수 있다. 내가 하는 일이 최고라고 믿고 나아가야 한다.

여러분은 무엇을 가장 잘할 수 있는가? 고유한 재능을 찾아서 가장 적합한 전략을 세워라. 끝까지 밀고 나가면 성공할 수 있다. 이때도 '새로운 접근'을 함으로써 힘들어해야 잘하고 있는 것이다.

개선점은 언제나 있다

세계적인 과학자 아인슈타인Einstein의 서재에는 전자기학의 시조라 불리는 마이클 패러데이Michael Faraday의 초상화가 걸려 있었다. 마이클 패러데이는 가난한 대장장이의 아들로 태어나 학교를 다니지 못했다. 열두 살 때 그는 런던의 제본소에 견습공으로 일하면서 책읽기를 시작했다. 특히 과학을 좋아해 과학 서적을 탐독했다. 어느 날 그는 당시 유명한 화학자였던 험프리 데이비Humphry Davy의 강연을 듣고 크게 감명받은 후 세 차례에 걸친 강연 내용을 엮은 약 300쪽의 책자와 함께 편지를 보냈다.

'선생님 밑에서 과학을 공부하고 싶습니다. 시키시는 일은 무엇이든 하겠습니다.'

소년의 편지를 받은 데이비는 친구와 의논했다.

"우선 먼저 그에게 빈 병 닦는 일을 시켜보게. 그런 일을 시시하게 여기고 못하겠다고 거절하는 사람이면 쓸모가 없는걸세."

데이비는 소년에게 그런 일을 해보겠느냐고 연락을 했다. 그 날부터 소년은 빈 병 닦는 일에 최선을 다했다. 이를 지켜본 데 이비는 그를 조수로 채용했고, 소년은 마침내 전자기학의 세계 적인 대부가 되었다. 작은 일에 최선을 다해 성공하는 사람이 있는가 하면, 작은 일을 소홀히 취급해 밀려나고, 쫓겨나고, 실 패하는 사람도 있다.

아무리 사소한 일이라도 집중하고 긴장해야 보기 좋고 깔끔 하게 마칠 수 있다. 거래처에 택배 하나를 보내더라도 꼼꼼하고 정성스럽게 싸는 사람이 있는가 하면, 마지못해 테이프만 대충 붙이는 사람이 있다. 물론 어차피 뜯을 포장이지만 깔끔하게 포 장된 물건을 받을 때 기분이 더 좋지 않겠는가. '혹시 포장을 허 술하게 하면 물건이 상하지는 않을까' 하고 긴장감을 늦추지 않 아야 사소한 부분에까지 신경을 더 쓰게 된다. 이렇게 예측할 수 없는 만약의 상황을 한 번 더 생각하는 사람이 프로페셔널이 다. 프로의 적당한 불안감이 세상을 바꾸고 윤택하게 한다. 빈 병 닦는 일에 최선을 다한 마이클 패러데이도 작은 일에 최선을 다했기 때문에 큰일을 맡을 기회가 주어져 잘 해낼 수 있었다.

건강한 불안과 긴장은 우리를 전진시키고, 가치 있는 지속적 존재로 이끄는 에너지다. 현실에 안주하지 말고 조금씩 목표를 높여야 한 단계 성장하게 된다. 목표를 향한 도전과 적정한 긴장감은 성공을 위한 필수 요소다. 건강한 불안이란 결국 심은 대로 거두는 원리에서 나타나는 자연스러운 현상이다.

나는 틈틈이 농사짓기를 좋아한다. 농사일을 할 때 가장 중요한 것은 철에 따라 씨앗을 뿌리는 것이다. 씨앗을 뿌리고 모종을 심는 순간에는 항상 긴장감이 맴돈다. 심은 대로, 원하는 만큼 싹이 잘 나올 수 있을지, 모종이 잘 자라줄 것인지 긴장한다. 가끔 "박사님은 씨앗 하나 뿌리는 사소한 일에 그렇게 정성을 들이세요?"라며 신기하게 바라보는 사람도 있다. 하지만 정성껏 긴장감을 가지고 모종을 심으면 반드시 좋은 열매를 거둔다. 뿌릴 때 편안하게 대충 덮으면 곧 새들의 밥이 되고 만다. 같은 씨앗을 뿌리고 가꾸었더라도 어떤 밭에는 곡식이 풍성한데, 어떤 밭에는 작물이 나지 않는 것은 바로 이러한 사소한 차이에서 비롯되는 것이다. 심은 대로 거둘 수만 있다면 얼마나 좋겠는가. 심은 대로 거두기 위해서는 건강한 불안감을 가지고 파종해야 하며, 건강한 긴장감으로 가꾸어야 한다.

성공을 위한 필수 감정으로 건강한 불안을 유지하는 비결은 '개선점은 언제나 존재한다는 의식을 갖는 것'이다. 컨설팅과 멘토링을 하다 보면 종종 임원들이 최선을 다했는데 달라진 게 없다고 상담을 하는 경우가 있다. 이 세상에 인간의 머리로 제한되는 방법은 아무것도 없다. 문제 해결법은 무궁무진하다. 다만 우리가 문제 해결의 실마리를 깨닫지 못하고 간파하지 못했을 뿐이다. 어떤 일이든 문제는 있기 마련이고, 그것을 해결할 개선점은 항상 존재한다.

적정한 긴장감과 건강한 불안이 없으면 절대로 개선점이 보이지 않는다. 개선점은 사소해 보이는 부분에까지 집중할 때 발견할 수 있기 때문이다. 사람은 누구나 편안해지려는 본능이 있다. 하지만 건강한 불안은 본능을 절제하고 자신을 다잡는 마음에서 시작한다. 문제를 돌파하는 해결책을 얻으려면 건강한 불안을 유지해야 하고, 이것이 성공의 열쇠임을 잊지 말아야 한다.

평정심 유지하기

아무리 자기관리가 철저한 사람이라도 스스로 무너질 때가 있다. 하늘이 노랗고, 흐르는 눈물을 주체할 수 없었던 경험이 누구에게나 있을 것이다. 나는 어머니가 갑자기 돌아가셨을 때 큰 슬픔을 겪었다. 청천벽력 같은 소식에 한동안 충격에 빠져 지냈다. 시간이 흐르자 살아생전 어머니의 모습과 가르침이 하나씩 생각나기 시작했다. 밀려오는 추억에 잔잔한 슬픔에 젖어 눈물을 흘리기도 했지만, 앞으로 내가 어떻게 살아야 할지에 대한 명확한 답을 찾을 수 있었다. 어머니는 천국에서 영원한 안식을 하고 계실 텐데, 나의 슬픔은 이 땅에서 더 이상 어머니를 뵙지 못하는 것에 대한 회한이었다. 출세해서 늠름한 아들의 모습을 보여드리고 싶었는데 너무 일찍 생을 마감하셔서 가슴이 아팠다. 하지만 남보다 부지런하셨던 어머니, 정직하고 성실한 어머니를 본받아 살겠노라는 다짐을 하는 순간, 과거 지향적인 슬픔은 미래를 향한 발걸음으로 바뀌기 시작했다. 먼저 떠나신 어머니가 아들에게 바라는 모습도 같은 마음일 거라는 확신이 들었다. 지금도 어머니를 생각하면 가슴 한구석이 시리지만, 그 후로 정말 열심히 살았다고 당당하게 말할 수 있다.

태어나면서부터 마음을 다스리는 습관이 몸에 밴 사람은 없다. 마음을 다스리는 일은 물론 어렵지만 그 원리를 알고 보면 그리 어려운 것도 아니다. 감정에 북받칠 때 먼저 10초 정도 묵상을 해보자. 너무나 슬프고 화가 나더라도 감정을 표현하기 전에 10초 정도 혼자 곰곰이 생각해보는 시간을 갖자. 사람의 감정은 신기해서 시간이 흐르면 금방 잊어버린다. 옛 연인과 헤어졌던 경험을 떠올려보자. 그 당시에는 너무나 아프고 힘들었지만 시간이 지나면 별 기억조차 나지 않게 되는 경우가 많지 않은가.

마음을 다스리는 습관의 가장 주된 원리는 평정심을 유지하는 것이다. 주위 사람들의 칭찬에 자만하거나 질책에 비관하지 않는 것이다. 마음의 중심을 잡고 묵묵히 자기 길을 걷는 것이다. 감정에 주도권을 내어 주게 되면 평정심을 유지할 수 없다. 감정적인 반응은 문제를 악화시킬 뿐이다. 평정심은 우리의 삶을 결정한다. 인생의 희로애락을 겪을 때 평정심을 지키려고 노력하면 성숙한 사람이 된다.

건강한 불안감이 성공을 위한 필수 감정이라면, 평정심은 건강한 불안감을 이겨낸 사람이 품는 성숙 인자라 할 수 있겠다. 눈앞에 펼쳐진 상황 너머에 우리를 기다리고 있는 미래는 노력한 대로 결과를 주고자 한다. 결과를 얻기 위한 과정에서 만나는 상황을 두려워하지 마라. 대신 불안과 긴장을 받아들이고, 마음을 고요하게 유지하려고 노력해보라. 위기의식에서 비롯된 발전을 향한 갈망과 건강한 불안을 가슴에 품고 평정심을 유지한 채 사는 사람이 가장 위대한 결과를 얻어낸다. 지금 불안하다면 잘하고 있는 것이다. 최상의 결과를 얻고자 노력하는 아름다운 몸부림이다. 당신이 소심해서가 아니라 준비된 사람이라는 징표다.

투지:
될 때까지 놓지 않는 근성

끝까지 버텨라

목표를 향해 지독하게 돌진하는 사람에겐 공통점이 있다. 바로 투지다. 한 번 물면 놓지 않는 근성이다. 기업을 경영하는 CEO, 세계적인 스포츠 선수와 예술가를 보면 쉽게 알 수 있다. 성격은 외향적일 수도 있고, 내성적일 수도 있지만 불굴의 정신력은 한결같다. 실패를 두려워하지 않고 끝까지 해내는 삶의 자세다. 그들은 계산적이지 않다. 노력 대비 결과를 예측하거나 재지 않는다.

한 번 물면 될 때까지 놓지 않을 수 있는 이유가 무엇일까. 그들에게는 미래에 찾아올 소망이 있기 때문이다. 투지도 훈련에 의해 길러지고 키워진다. 근육이 생겨야 체력이 강해지듯이, 훈련된 마음이 육체를 앞서야 정신력이 강해진다. 마음을 잘 훈련시키는 지름길은 소망을 잃지 않는 것이다. 올림픽 금메달리스트가 되기 위해서 오직 챔피언이라는 소망 하나로 고난을 이겨낸다. 소망이 없다면 노력할 이유도 목적도 없다.

"챔피언은 링에서 태어나지 않는다. 단지 링에서 인정받을 뿐이다. 챔피언이 태어나는 현장을 보고 싶다면 그의 하루를 살펴보라. 링에서의 싸움이건 인생에서의 싸움이건 계획을 세워두면 좋다. 그러나 실제로 싸움이 벌어지면 우리를 움직이는 것은 계획이 아니라 반사적인 움직임이다. 매일 새벽 로드워크(체력과 다리 힘을 기르기 위해 달리면서 하는 훈련)를 성실하게 했는가가 드러나는 것이다. 이른 새벽 어둠 속에서 꾀를 부리며 연습을 열심히 하지 않았다면, 밝은 사각의 링 아래에서 그 대가를 치를 것이다."

전 세계 헤비급 복싱 챔피언 조 프레이저Joe Frazier의 말이다. 기업의 경쟁력도 자신의 경쟁력도 마찬가지다. 처음부터 잘하는 사람은 아무도 없다. 부단히 노력하고 근육이 자동적으로 반응

성공의 필요조건

할 정도로 반복적인 학습과 훈련이 필요하다. 얼마나 따분하고 힘들겠는가. 그러나 이런 반복에 따른 지독한 연습에 힘들어하고 있다면 잘하고 있는 것이다. 자신의 일에 지독하다는 평가를 받는다면 잘하고 있는 것이다. 밥 먹는 시간에도 원고를 읽고 교정하고 독자를 위해서 열중하는 내 모습을 보면서 많은 사람이 한 가지 일에 너무 집중적이라고 말한다. 이럴 때는 분명 내가 속으로는 많이 힘들어하고 있음이 분명하다. 지독할 정도로 노력해본 적이 있는가. 이것이 개인의 경쟁력을 높여준다. 한 번 물면 될 때까지 놓지 않는 근성을 갖추기 위해서는 10분만 더 집중하는 것이다. 이 정도면 되지 않을까 스스로 나를 유혹할 때 10분만 더 집중하는 연습을 몸에 익혀보자. 이런 연습과 습관들이 놀라운 자신의 경쟁력으로 자리매김할 것이다.

기업이나 조직도 마찬가지다. 아무리 좋은 비전이 설정되어 있더라도, 구성원들이 공유하여 체질적으로 습득한 조직과 그렇지 않은 조직은 실제 성과를 만들고 비전을 이루는 데 큰 차이를 낸다.

'비전'이란 영어 단어의 의미대로 '보다', 즉 상황을 정확하게 꿰뚫어보고 미래를 예견할 수 있는 능력이다. 비전은 목표지향적인 행동이 출발점이 된다. 미래를 선망하는 비전은 인간의 상상력과 창의력뿐 아니라 열정과 헌신을 불러일으키고 에너지를 한 곳으로 집중하도록 한다. 비전이 분명하면 일을 일관성 있게 추진하게 되고 끈기와 투지를 발휘하게 된다. 그러나 조직 구성원들에게 공유되지 아니한 비전과 목표는 결국 공허한 꿈으로 끝나고 만다. 명확한 비전과 도전적인 목표를 공유하여 진취적으로 나아갈 때 기업의 가치가 높아지고 혁신에도 성공할 수 있다. 그렇다면 어떤 마음을 갖추어야 비전을 잘 공유할 수 있을까. 긍정의 마인드로 마음의 문을 열어야 한다.

독일의 시인이자 소설가인 요한 볼프강 폰 괴테Johann Wolfgang von Goethe는 『파우스트』를 23세부터 쓰기 시작해 82세에 끝냈다. 장장 60년에 걸쳐서 작품을 완성한 것이다. 일생을 바쳐 연구하고 쓰고 퇴고하기를 거듭한 인내 덕분에 인류 역사 이래 최고의 문학작품을 탄생시켰다. 성공하는 사람을 보면 보통 사람에게는 찾아볼 수 없는 인내가 있음을 알 수 있다. 현재와 성취의 공간을 인내로 채울 때 투지가 생기고 노력한 만큼 결과를 얻게 된다. 괴테가 훌륭한 작품을 쓸 수 있었던 원인은 결코 포기하지 않는 인내 때문이었다. 재능이 많은 것만으로는 성공하지 못한다. 재능만 있는 사람은 위험하다. 타락한 천재로 미완성된 삶을 남기고 떠난다. 훌륭한 교육을 받은 것만으로는 성공하지 못한다. 스펙이 좋은 사람으로 끝나고 만다. 용기가 있는 것만으로도 부족하다. 꾸준하게 버티지 못하고 쓰러질 때가 많다.

인생의 꽃을 피우려면 인내가 있어야 한다. 인내를 겸비한 사람은 시대를 빛내는 인물로 자신뿐 아니라 다른 사람까지 이롭게 한다. 투지는 인내할 줄 아는 사람이 지닌 행동 능력이다. 옥석으로 다듬어진 사람, 삶의 내공이 쌓인 사람의 전유물이다.

프랭클린 루스벨트Franklin Roosevelt 전 미국 대통령은 "소망하는 것을 얻으려면 먼저 인내심을 가지라"고 했다. 미국의 강철왕 카네기Carnegie는 "인생에서 성공하려면 인내할 줄 알아야 한다. 조급하면 눈이 흐려지고, 자주 분노하는 자는 일이 눈에 보이지 않는다. 하지만 차분하게 마음을 다스릴 줄 아는 자의 머릿속에는 지혜가 스며든다"고 했다.

때때로 인내하고 노력한 만큼 결과가 좋지 않을 때가 있다. 맡겨진 일을 치밀하게 계획하고 철저히 준비했다고 성공한다는 보장은 없다. 어처구니없는 실수로 일을 망치기도 하고, 잘될 거라고 믿었던 일이 허사가 되는 경우도 많다. 그러나 일을 성사시키는 방법은 어려움을 당했을 때 실망과 좌절로 주저앉지 않고, 극복하고 다시 일어서는 것이다. 실패한 뒤의 재도전은 성공적인 문제 해결을 하는 데 유리하다. 위기관리 능력을 키우고 우선순위를 정하는 지혜를 얻는다. 노력한 만큼 결과를 얻기 원하는가. 자신이 하는 일을 끝까지 물고 늘어져서 될 때까지 하면 된다. 그렇다. 이렇게 끝까지 버티려면 당연히 힘이 든다. 그러나 인내하는 것이 힘들다면 잘하고 있는 것이다.

투지+디테일=최고의 경쟁력

투지는 끝까지 해내는 정신이다. 굳센 의지로 일관성 있게 목표를 달성하는 근성이다. 물론 무조건 불도저처럼 밀고 나가는 게 능사는 아니다. 세상에서 가장 무서운 사람은 자신의 일을 즐기기 때문에 끝까지 해내는 사람이다. 일을 좋아하지 않거나 애정이 없으면 금방 포기하게 된다. 애정 어린 마음으로 일을 끝까지 해낼 때 진정한 투지가 빛을 발한다. 자신을 옭아매고 억죄는 마음으로 무조건 끝까지 하는 것은 반쪽짜리 투지다. 주어진 일에 의미를 부여하고 사랑하는 마음으로 추진해나가야 진정한 투지를 발휘하는 삶이 된다.

디테일한 능력도 함께 키워야 한다. 전략 없이 근성만 있는 사람은 쉽게 지치고 쓰러진다. 디테일한 능력은 어떻게 키울 수 있을까.

첫째는 쪼개서 보는 관점을 길러야 한다. 미래의 경쟁력은 숲을 만드는 능력보다 나무를 그리는 섬세한 능력에 좌우된다. 구체적인 실행 방법을 가지고 일을 추진해야 성과가 높아진다. 밤을 새워가며 열심히 일했는데도 성과가 나지 않는 것만큼 답답한 일은 없다. 시간을 들인 만큼 성과는 반드시 나온다고 생각하는 사람이 많지만, 그것은 절반의 진실일 뿐이다. 누가 더 치밀하고 디테일하게 관리했느냐에 따라 성과는 천차만별이다. 성과를 올리는 핵심 인재는 남보다 빠르고 정교하고 치밀하다.

둘째는 지위가 높아질수록 세밀하게 보는 안목을 키우는 것이다. 상사가 그릇이 작아 별거 아닌 일에 트집을 잡는다고 불평하는 사람이 많다. 하지만 매사를 디테일하게 보는 상사 덕분에 조직의 목표를 달성할 수 있다. 내가 대기업 조직책임자로 일할 때 직속 상사와 CEO도 꼼꼼한 분이었다. 결재를 받으러 들어가면 숫자 끝자리까지 정확하게 물어보고 직접 계산기를 두드려가며 제대로 계산을 했는지 확인했다. 그동안 만난 위대한 CEO들은 하나같이 디테일의 달인들이다.

셋째는 30cm씩 나눠 볼 줄 알아야 한다. 나는 현장을 살펴보거나 결재할 때 무조건 30cm씩 잘라 본다. 1m씩 보면 분위기도 좋고 잘 정돈된 것 같지만 30cm씩 잘라 보면 허점투성이다. 매장에 아무리 고급 오디오세트를 진열해놓아도 옆에 이어폰을 배치하지 않았다면 고객은 음악을 들을 수 없다. 충전이 되지 않은 아이패드를 두고 고객에게 써보라고 한다면 디테일에서 실패한 것이다. 사소한 것에 신경 쓴다고 지적받은 경험이 있다면 높은 자리로 올라갈 가능성이 있는 사람이다.

넷째는 같은 실수를 되풀이하지 말아야 한다. 성공한 사람은 출발점부터 남달랐을 거라 생각하기 쉽지만, 역경과 실패에 굴하지 않고 당당히 일어선 경우가 훨씬 더 많다. 사람은 누구나 실수할 수 있다. 다만 어떤 자세로 받아들이느냐에 따라 상처가 될 수도 있고, 다시 도전하는 기회가 되기도 한다. 실수하더라도 절대 변명하거나 당황해서는 안 된다. 실수를 과감하게 인정하고 시인하라. 그래야 고칠 수 있다. 고치려는 강한 의지를 갖고 검증하는 습관을 들이면 실수가 기회로 바뀐다.

"박사님은 늘 승승장구하셨을 것 같습니다. 실패하거나 일이 뜻대로 풀리지 않을 때 어떻게 하시는지 궁금합니다."

"살다 보면 실패할 수도 있지요. 최대한 실패를 빨리 잊으려고 노력합니다. 실패를 해보지 않으면 배울 점도 없습니다. 체험을 통해 배운다는 건 정말 큰 자산이지요."

가장 쉽게 실패를 이겨내는 방법은 펑펑 우는 것이다. 동료나 지인이 뜻하지 않은 절망으로 힘들어할 때 함께 울어줘라. 분노할 만큼 슬펐던 적이 있는가. 가슴에 묻어두면 병이 된다. 감정을 억지로 통제하면 신진대사에 문제가 생긴다. 실컷 푸념하고 마음껏 울어라. 시원하게 울었다면 그 울음이 헛되지 않도록 새로운 각오를 다져라. 감정 기복을 표출하는 울음에서 벗어나야 한다.

만년 꼴찌만 하던 조직을 맡은 적이 있었다. 일 년 정도 지난 어느 날 사무실에 출근했는데 분위기가 심상치 않았다. 경영지원팀 김 과장의 눈가에 눈물이 글썽거렸다. 무슨 일이냐고 물었더니 고개를 떨어뜨리며 말했다.

"죄송합니다. 전사 경영평가에서 저희가 또 꼴찌를 했습니다."

그토록 밤낮으로 열심히 했는데 꼴찌를 하다 보니 속이 많이 상한 모양이었다.

"실컷 우세요. 그러나 내년에는 절대 눈물 흘리지 맙시다."

그러고서 몇 가지 원칙을 정해주었다.

1. 내일은 울지 않는다.
2. 실컷 울되 다시 도전하는 전의를 잃지 않는다.
3. 자신감을 가지고 당당해진다.
4. 사소한 것 기본부터 다진다.
5. 흘린 눈물을 한시도 잊지 않고 늘 기억한다.

그 후 우리 조직은 다음 해에 전사 2등, 3년 차에는 전사 1등으로 우뚝 올라섰다. 한순간도 눈물을 잊지 않은 결과 만년 꼴찌이던 조직이 1등 하는 조직으로 거듭난 것이다.

빌 게이츠Bill Gates는 일 년에 두 번씩 '생각 주간think week'을 갖는다. 미국 서북부 지역의 작은 별장에 일주일간 머물면서 회사의 미래를 곰곰이 생각하고 아이디어를 구상한다. 이 기간에 회사와 자신의 미래를 돌아보고 재설계하여 처음에 정한 목표를 놓치지 않는다고 한다. 다양한 기업의 자문 역할을 하면서 깨달은 한 가지는 성과를 내는 조직은 하나같이 리더가 초지일관 목표만을 생각한다는 점이다. 리더의 눈에 장애 요인만 보인다면 조직이 어떻게 되겠는가.

투지가 있는 리더는 미래의 소망을 보고 현재의 역경을 이겨낸다. 그러나 대부분의 사람이 쉽게 포기하는 이유는 두 가지다. 하나는 충전input이 없는 소진burn out이 원인이고, 또 하나는 '왜why'라는 이유를 발견하지 못해서다. 충전은 소망이다. 마음에 미래를 향한 소망이 가득 차야 힘들어도 에너지가 소진되지 않는다. 마라톤을 하다가 포기하는 이유가 체력 때문만은 아니다. 목적의식을 잃어버린 경우도 있다. 목표를 달성하기 위해서는 내가 왜 이 목표를 세웠는지 자문해보고, 목표를 세울 때의 마음을 기억해야 한다. 그리고 반복된 훈련과 연습을 통해 자신을 갈고닦아야 한다. 결과를 두려워하지 않고 인내로 승부를 보는 근성, 투지야말로 소망을 이루는 무기다.

미운 감정 다스리기

친한 사람과 동업을 하다가 관계가 깨지고, 돈을 빌려주고 받지 못해 어려움을 당하는 사람이 많다. 둘도 없는 막역한 사이로 지내다가 원수가 되는 경우다. 가까운 관계일수록 서로 미워하고 상처를 주는 일이 생기는 상황은 아이러니하다.

심리학에서는 이를 '고슴도치 딜레마'라고 한다. 앞니가 튼튼하고 등과 꼬리에 뾰족한 가시가 있는 고슴도치에서 따온 말이다. 서로 가까이할수록 앞니와 몸의 가시로 상대를 찌르는 모습이 인간을 닮은 듯하다. 누군가를 잘 안다는 생각이 처음에는 친밀감을 형성하지만 지나치면 화가 되기도 한다.

미운 사람이나 싫어하는 상사가 생겼을 때 어떻게 해야 할까. 속만 부글부글 끓이고 있을 것인가. 미운 감정을 잘 다스리지 못하면 자신뿐 아니라 이웃에도 나쁜 영향을 미친다. 누군가가 싫다는 것은 누군가에게 깊은 관심이 있다는 것이고 관계를 맺고 있다는 것이다. 그러므로 싫은 감정이 솟아날 때는 '물러남'을 선택하면 어떨까. 좀 덜 관심을 갖고 조금 물러나는 것은 나 스스로를 격려하고 자존을 세우고 위로케 한다.

지금 물러난다고 지는 것이 아니다. 물러나서 멀찌감치 떨어져 있는 것은 자신의 좁은 감옥을 벗어나는 것이다. 누군가 미워하는 것은 자신의 감정에 감옥을 만드는 것이다. 스스로 만든 미움이라는 감옥에 마음을 가둘 필요가 있겠는가. 내가 당당히 정도를 걸었는데도 미운 감정이 생겼다면 내가 미워하지 않아도 된다. 그 사람은 내가 미워하는 것 이상으로 하늘이 보답할 것이다.

또 미워하지 않도록 감정을 다스리는 힘든 노력을 선택한다면 잘하고 있는 것이다. 미워함을 선택할 때보다 나를 더 성숙하게 만들어주기 때문이다. 미운 감정이 들면 가장 피해를 보는

쪽은 미워하는 상대방이 아니라 바로 자기 자신이다.

우리는 일평생 사는 동안에 수많은 사람과 관계를 맺고 살아간다. 가깝고 좋은 관계도 있고, 가까이 살지만 불편한 관계도 있다. 반면에 멀리 있으나 늘 곁에 있는 사람처럼 친한 경우도 있다. 정말 좋은 관계는 서로 깊은 관심을 갖고 사랑하며 사는 관계다. 네 것 내 것 따지지 않고 언제든지 필요하면 요구할 수 있는 관계, 상대방이 달라고 하기 전에 그 필요를 알고 채워줄 수 있는 관계가 정말 좋은 관계다.

무엇이든지 자꾸 주고 싶은 사람이 있다면 그는 행복한 사람이다. 관심과 애정을 기울이며 산다는 것 자체가 삶의 의미를 가져다주기 때문이다. 만일 사랑을 베풀고 싶은 사람, 만나고 싶은 사람, 이야기를 나누고 싶은 사람이 많다면 그는 정말 복 받은 사람이다.

인간은 관심과 사랑의 깊은 관계 속에서 자기 존재를 확인할 수 있다. 다시 말하면 이 세상에 있어야 할 이유가 무엇인지를 깨달을 수 있다. 그런데 사람들은 대개 그와 반대 방법으로 존재를 확인하려고 한다. 타인이 자신을 알아주고 인정해주기를 바란다. 그래서 사람들은 자기 존재를 알리려고 여러 방법을 동원하는 것이다.

행복의 조건은 관계에 있다

행복의 조건은 관계에 달려 있다. 올바른 관계는 마음을 편안하게 한다. 올바른 관계란 제자리를 지키는 것이다. 순리대로 사는 것이다. 부모는 부모 자리에, 자녀는 자녀의 자리에, 선생님은 선생님의 자리에, 학생은 학생의 자리에 머물러 있으면 된다. 제자리를 모르고 남의 자리를 탐내고 차지하려고 할 때, 분열이 일어나고 관계가 멀어진다.

모든 물건이 만든 목적에 따라 사용되듯이 사람도 자기 위치에 있을 때 아름답다. 그래야 평안하다. 제자리가 아닌 위치에 있으면 탈이 나고 어색하기 마련이다.

나폴레온 힐Napoleon Hill은 "나는 성공과 실패를 좌우하는 또 하나의 다른 요인을 보았다. 성공한 사람은 일반적으로 성공한 사람을 칭찬하고, 실패한 사람은 성공한 사람을 비난하는 것을 발견했다"라고 했다.

전적으로 동의한다. 남의 감정을 상하게 하고 마음에 상처를 주고 비수를 꽂는 말이나 행동을 하는 사람을 좋아할 사람은 세상에 아무도 없다. 농담으로라도 상처를 주면 당사자는 오랫동안 잊지 못한다. 기회가 오면 복수를 한다. 물론 충고할 말이나,

꼭 시정해야 될 것이 있을 때는 사랑하는 마음으로 전해야겠지만 쓸데없이 상처 주는 말이나 행동은 삼가야 한다.

내가 받았을 때 좋은 것은 상대방에게 주고, 내가 싫은 것은 남에게도 주지 마라. 그래야 관계가 원만하다. 남이 거만한 태도로 나를 대하는 것이 싫으면 내가 겸손한 태도를 취하면 된다. 자기 분야에서 성공한 사람은 인간관계에서 달인이다. 관심을 가질 때 사랑이 출발한다. 다른 사람을 비평하지 말아야 한다. 무슨 일을 하든지 내가 이득을 보겠다고 하지 않아야 한다. 다른 사람의 장점을 보고 배워야 한다. 그럴 때 나타나는 현상은 다른 사람의 성공을 갈망하게 되고, 나의 선한 영향력의 향기가 내뿜어지게 된다.

사람은 누구나 장점도 있고 단점도 있다. 장점만 가진 사람도 없고 단점만 가진 사람도 없다. 2012년 작고한 작가 지그 지글러Zig Ziglar가 100명의 백만장자를 조사해보니 두 가지 공통점이 있었다. 첫째는 70%가 가난한 시골 출신이고, 둘째는 타인의 장점을 보며 칭찬하기를 좋아하는 사람들이라는 것이다. 좋은 관계를 유지하려면 남의 강점을 칭찬해야 한다. 듣기 좋은 감언이설로 아부하는 것이 아니다. 한마디 짧은 칭찬도 진심을 담아서 해야 전해진다. 진심을 담은 말인지 아부인지 듣는 사람이 먼저 안다.

상담학에서 제일 중요하고 첫째 되는 원칙이 있다. 상대방의 말을 들어주는 일이다. 피상담자가 문제를 가지고 왔을 때, 조급하게 판단해서 처방을 내리지 말고 가만히 들어주라는 것이다. 그러면 많은 경우에 스스로 말을 하다가 해결책을 받고 간다고 한다. 진정한 칭찬이 가장 확실한 자기학습이 된다.

꾹 참고 끝까지 들어줘라

리더가 되고 싶은 사람, 대인관계를 원만하게 하고 싶은 사람이 꼭 명심할 일은 화가 나더라도 꾹 참고 들어주는 습관을 키워야 한다는 점이다. 리더의 성향에는 옳고 그름이 없지만 사람을 대할 때 애정이 있어야 한다. 부하의 발전을 위해서는 따끔한 충고도 잊지 말아야 한다. 애정이 없으면 싫은 소리를 할 수 없다. 얼마나 상대방을 배려하는 말투와 내용으로 부족한 점을 전달하느냐의 문제다.

신뢰하는 부하가 배신을 했다고 한탄하는 상사가 있다. 사내의 정치적인 분위기 때문일지도 모른다. 그러나 공적인 관계로 만난 상사와 부하 사이에 배신이라는 말은 적합하지 않다. 서로

할 일을 다 하고 역할을 잘 감당하면 그만이다. 상대방을 믿는 만큼 실망하게 된다. 상대에 대한 원망이 커진다. 그래서 '주는 사랑'이 필요하다. 준 것을 기억하고 돌려받으려는 마음을 버려라. 일방적으로 베푼다고 생각하면 지혜롭다. 돈을 빌려주었는데 받지 못하면 답답하다. 처음에 받을 생각 없이 돈을 줬다고 생각하면 마음이 편하다. 지혜로운 관계를 맺는 법도 이와 같다. 준 사람이 더 행복하고 편안한 법이다. 돌려받을 일을 계산하지 않았기 때문이다.

대인관계에서 가장 중요한 한 가지는 기회가 있을 때마다 필요한 사람에게 베푸는 것이다. 주는 사람을 싫다고 하는 사람은 없다. 반면에 움켜쥐고 제 욕심만 채우려는 사람은 아무도 좋아하지 않는다. 사람을 대할 때 '어떻게 하면 이 사람을 이용할까'부터 생각하는 사람은 결코 성공하지 못한다. 순수하게 도와줄 마음을 가지고 대해야 한다. 먼저 주기를 좋아하는 사람은 성공적인 대인관계를 이룬다. 사랑이 많은 사람, 인정이 많은 사람으로 기억된다.

교만하고 남을 멸시하는 사람은 자기가 똑똑하고 잘난 줄 알지만 사실은 어리석은 사람이다. 교만한 사람을 좋아할 사람은 세상에 아무도 없다. 지위가 높아도 낮은 자같이, 부유해도 가

난한 자같이 겸손한 태도로 대하는 것이 성공적인 대인관계의
비결이다.

리더는 자신의 성향에 따라 리더십을 펼친다. 리더의 성향은
조직 문화에 큰 영향을 미친다. 음주가무를 좋아하는 리더가 있
는가 하면, 문화생활을 좋아하는 리더가 있다. 조직 구성원은
리더의 스타일에 맞출 수밖에 없다. 좋아서 맞추기도 하고, 상
사의 권위 때문에 어쩔 수 없이 맞추는 경우도 있다.

'나를 따르라'는 돌격형 유형은 위기관리에는 뛰어나지만 평
상시에는 많은 문제를 일으킨다. "위에서 정했으니 무조건 따
라오라"라고 할 때 무조건 따라올 부하는 거의 없다. 비전은 현
실보다 높게 잡기 마련이다. 월급은 올려주지 않으면서 더 많은
것을 요구하면 반발이 생긴다. 비전의 취지를 정확하게 알려주
고, 비전을 이뤘을 때 돌아갈 보상도 명확하게 밝혀야 한다. 약
속도 꼭 지켜야 한다. 리더만 지켜야 하는 게 아니다. 아랫사람
들도 지켜야 할 게 있다. 리더가 새로운 일을 추진할 때 귀찮게
생각하거나 수동적으로 반응하지 마라. 직원을 일부러 고생시
키려고 하는 게 아니라면 어떤 일인지 귀담아듣고 자기 것으로
흡수해야 한다. 적극적으로 활용하라는 얘기다.

일을 돈벌이로 생각하는 사람과, 비전을 이루기 위한 구체적

인 수단으로 여기는 사람은 관계를 맺는 패턴이 다르다. 물론 직장생활을 하면서 매일매일 활기가 넘치고 적극적일 수는 없다. 조직생활을 하는 가치관의 문제라 할 수 있다. 생계를 유지하는 방편으로 직장을 다니면 동료나 상사들도 같은 관점으로 보인다. 비전 없이 하루하루 시간을 때우는 사람으로 말이다. 그러나 명확한 비전이 있다면 함께 일하는 사람도 가치 있고 귀한 사람으로 보인다. 일을 할 때 능률이 오르고 성취감도 높다. 실행력과 추진력이 생겨 조직에서 인정받는 사람이 된다.

'구슬이 서 말이라도 꿰어야 보배'라는 말이 있다. 아무리 좋은 아이디어가 있어도 실행하지 않고, 추진하지 않으면 소용이 없다. 실행력을 높이는 비결은 무엇인가. 남들과 다르면 된다.

실행에 옮겨라

실행력이 높은 사람은 세 가지가 남들과 다르다.

첫째, 왜 이 일을 해야 하는지 이유를 분명하게 안다. 그들에게 일은 수단이 아니라 가치다. 마케팅을 하는 사람은 장미꽃 한 송이를 사랑의 메시지로 승화시켜 의미를 부여한다. 감동과 희열을 주는 매개체로 활용한다. 하고 싶은 일을 할 때는 누가

시키지 않아도 잘한다. 자신이 하는 일에서 비전과 가치를 발견한다.

둘째, 행동 단위로 일한다. 예를 들면 매출액 향상이라는 추상적인 목표가 아니라 '하루에 고객 3명 더 만나기' 등 구체적인 목표를 세운다. 예컨대 다이어트가 목적이라면 '저녁 6시 이후 먹지 않기' '에스컬레이터 대신 계단 이용하기' 등 세밀한 일상 원칙을 정해야 한다.

마지막으로 구조화를 좋아한다. 실행력은 구조화될 때 강하게 진행된다. 『레미제라블』의 작가 빅토르 위고 Victor Hugo 는 작품을 집필할 때 밖에 나가고 싶은 마음을 자제하기 위해 하인에게 옷을 맡기고 해가 지면 가져오라고 했다. 실행력이 뛰어난 사람은 자기 나름대로 기준을 정해서 실행할 수 있는 환경을 구조화한다.

사랑은 표현해야 사랑이다. 자신에게 용기를 주고 그만하면 잘했다고 다독일 줄 아는 사람이 되어야 한다. 나를 격려하지 않고 어떻게 남을 격려하겠는가. 사람을 믿기 전에 먼저 사랑하라. 사랑은 품는 마음이다. 품지 않고 믿으면 상처받고 실망한다. 사랑의 본질에 근접할수록 지혜로운 관계가 시작된다는 것을 잊지 말아야 한다.

동서고금을 막론하고 사랑의 힘은 위대하고 우리 곁에 늘 함께한다. 사람 때문에 실망하고 사람 때문에 아파하는 경우가 너무 많다. 이런 때 사랑이라는 지혜로 우리를 넉넉하게 하자. 노력한 만큼 결과를 얻고 싶다면 사람을 내 기준으로 믿지 말고 사랑하는 지혜를 키워야 한다. 사랑하는 지혜를 키우다 보면 힘들고 지친다. 그러나 사랑하는 지혜 때문에 힘들다면 지금 잘하고 있는 것임을 명심하자.

성공의 필요조건

시간:
돈보다 더 아껴야 할 최고 자원

1분의 가치

1분의 가치를 돈으로 환산하면 얼마일까. 상황에 따라 다를 것이다. 급한 일을 처리할 때의 1분과 빈둥거리는 1분은 큰 차이가 있다. 괴테Goethe는 "시간을 단축시키는 것은 활동이요, 시간을 못 견디게 하는 것은 안일함"이라고 말했다.

시간은 마치 공기와 같다. 시간은 흘려보내는 사람에게는 한없이 무가치하지만, 유용하게 관리하고 지배하는 사람에게는 최고의 자원이다.

'시간이 없다'라는 말은 핑계에 불과하다. 사실은 시간은 많은데 우리가 잘 사용하지 못하고 있는 것이다. 똑같이 한 시간의 점심시간도 어떤 사람에게는 단지 밥 먹는 시간일 뿐이지만 어떤 사람에게는 음악도 즐기고 잠도 자는 재충전의 시간이 될 수 있다. 시간을 잘 다스리는 사람은 늘 여유가 있고 행복하지만 시간에 이끌려 사는 사람은 늘 시간이 없다고 말한다. 위대한 일을 한 사람들은 하루를 24시간이 아니라 48시간으로 산다. 바쁘게 사는 것이 아니라 여유 있게 집중한다는 것이다.

청년들이 내게 질문한다.

"박사님은 바쁜 스케줄을 어떻게 소화하시나요?"

"시간을 묶음으로 관리하기 때문에 아무리 바쁘더라도 거의 모든 일정을 소화해냅니다."

시간을 묶음으로 관리한다는 게 무엇인가. 점심시간에 친구에게 전화도 하고 음악도 듣고 잠도 자고 독서도 하는 묶음으로 관리하는 것이다. 묶음으로 시간을 바라보면 시간을 만들 수 있다. 바쁜 스케줄과 시간을 잘 활용하는 것은 시간을 묶음으로 관리하는 것이고 시간을 내가 만들면서 일하기 때문이다. 열차를 타고 이동하면서 잠도 자고 원고도 읽고 글도 쓴다. 단순 이동하는 시간이 아니라 여행 겸 원고 정리의 시간 겸 부족한 수면을 보충하는 시간이다. 어렵다고 생각하겠지만 늘 이렇게 시간을 활용하다 보면 여유가 있다.

　시간 약속을 지키지 않았다고 불같이 화를 내는 사람이 있고, 지각하는 사람을 신뢰하지 않는 사람이 있다. 시간의 소중함을 모르는 사람과는 함께 일을 할 수 없다는 뜻이다. 가치관이 다르기 때문이다. 동서고금을 막론하고 자기관리가 뛰어난 사람은 시간에 대한 가치관이 확실하다. 자신의 시간이 귀하기 때문에 다른 사람의 시간도 귀하게 여긴다. '시간은 금이다'라는 말을 가슴에 늘 새기고 산다. 약속 시간에 절대 늦지 않고, 늦을 경우에는 미리 정중하게 양해를 구한다.

　지위고하를 떠나서 마찬가지다. 자기보다 직급이 낮고 나이가 어리다고 해서 상대의 시간을 하찮게 여기지 않는다. 시간은 상대적으로 가치를 평가받는 자원이 아니다. 모든 사람에게 동등하다. 신으로부터 동등하게 받은 자원을 어떻게 배분하고 활용하느냐의 문제다.

아껴야 관리가 된다

시간을 아끼는 사람은 한마디로 관리를 잘하는 사람이다. 짜임새 있게 계획하고 실행하는 사람이다. 모든 자원을 아끼는 사람이다. 돈, 체력, 인격, 시간을 철저하게 잘 활용하는 사람이다.

성공한 사람과 실패한 사람의 차이는 종이 한 장 차이다. 성공한 사람은 종이 한 장이라도 돈처럼 쓰고 근검절약을 한다. 관리능력이 뛰어난 사람이다. 실패한 사람은 돈을 물 쓰듯 개념 없이 쓰는 사람이다. 뒷일은 생각하지 않고 당장 필요에 따라 마구 써버린다.

나는 기업경영 컨설팅을 하면서 매우 흥미로운 모습을 발견했다. 초일류기업으로 갈수록 복사용지까지 아끼고 있는 데 반해, 적자 나고 힘든 기업일수록 컬러프린터에 종이를 물 쓰듯 사용한다.

무언가를 아낀다는 것은 규모 있게 잘 관리한다는 말이다. 돈을 아끼는 사람이 부자가 될 수 있지만 돈보다 더 중요한 것은 시간이다. 시간은 우리가 통제할 수 있는 영역이 아니다. 세월을 아끼는 게 현명한 이유는 돈은 없어도 살지만, 시간이 다하면 살 수 없기 때문이다. 돈은 없다가도 있을 수 있지만 시간은 한 번 흘러가면 다시 돌아오지 않는다. 위대한 선인들은 시간을 아끼라고 이야기한다. 돈보다 더 아껴야 할 최고의 자원이 시간이기 때문이다.

자투리 시간 활용법

일을 시작하기 전에 준비 기간을 충분히 갖는 것이다. 철저하게 준비할수록 실제 일을 할 때는 시간이 적게 든다. 시간을 절약할 수 있다. 30년을 준비하고 3년 일한 예수의 모습에서도 준비가 얼마나 중요한지 알 수 있다. 많은 청년이 학교를 그만두고 취업을 하는 길이 훨씬 빠르지 않으냐고 내게 질문한다. 그러나 취업을 위해서 학업에 정진해야 직장생활을 원만하게 할 수 있는 기반이 생긴다.

목표를 분명히 하면 인생 최고의 자원인 시간을 아낄 수 있다. 목표를 명확히 하면 한 길을 가기 때문에 우왕좌왕하지 않고 시간을 관리할 수 있다.

20세기 최고의 곤충학자인 류비셰프Lyubishev는 러시아 과학자로서 생전에 70여 권의 책을 썼다. 그는 26세부터 81세에 죽기까지 51년 동안 하루도 빠지지 않고 일기를 썼다고 한다.

1964년 4월 7일

알 수 없는 곤충 그림 두 장을 그렸다. (3시간 15분)
어떤 곤충인지 조사하였다. (20분)

슬라바에게 편지 (2시간 45분)

식물 보호단체 회의 (2시간 25분)

독서 (1시간 25분)

이런 식으로 일기를 쓰면서 목표를 분명히 정하고 시간을 낭비하지 않았다고 한다. 하루 24시간을 쪼개서 관리하니 풍성한 인생을 살 수 있지 않은가.

시간을 최고의 자원으로 아끼면서 쓰기 위해서는 토막 시간을 잘 활용해야 한다. 나는 자투리 시간을 잘 활용하는 편이다. 토막 시간은 차를 타고 다니는 시간, 화장실에 가 있는 시간, 걸어가는 시간, 밥 먹는 시간 등 수없이 많다. 나는 강연을 하러 갈 때면 칼럼을 두 편씩 구상한다. 칼럼을 쓰다가 자투리 시간이 생기면 사우나에 가서 쉬기도 한다. 강의하고, 기업 컨설팅하고, 집필하고, 멘토 역할을 하면 하루하루가 정신없이 바쁘다. 하지만 토막 시간을 활용하면 그 모든 것이 가능하다. 그렇다. 점심시간에 아름다운 음악 한 곡을 들을 수 있는 여유와 토막잠을 잘 수 있는 느긋함이 시간을 아끼는 지혜다.

시간은 돈보다 더 아껴야 할 최고의 자원이다. 그중에서 황금 시간은 새벽 시간이다. 새벽 시간은 무궁한 가능성이 숨어 있다.

가장 가치 있고 무엇이든 할 수 있는 에너지를 준다. 낮의 3시간보다 새벽의 1시간이 더 밀도 있다. 아무에게도 방해받지 않는 자신만의 시간이기 때문이다.

나는 매일 새벽 4시 30분에 일어난다. 새벽기도를 드리고 집필활동을 하는데 그 어떤 시간보다 깊이 성찰할 수 있는 시간이다. 미국의 초대 대통령 조지 워싱턴George Washington은 '위대한 일을 할 수 있는 비결이 무엇이냐'는 물음에 이렇게 대답했다.

"내가 엄청난 일들을 다 처리하는 비결은 새벽 4시에 일어났기 때문이다."

하루의 시작인 새벽 시간을 어떻게 활용하느냐에 따라 시간이 잘 관리될 수도 있고, 그냥 낭비될 수도 있다. 토막 시간을 활용하고 새벽 시간을 잘 관리하면 최고의 자원을 관리하는 자산가가 될 수 있다.

휴식은 시시하지 않다

사람들은 휴식 없이 계속 일하면 시간을 아꼈다고 생각한다. 그러나 적당한 휴식을 가져야 시간을 관리할 수 있다. 윌리엄 셰익스피어William Shakespeare가 말한 대로 인간은 휴식이 주는 젖을 먹고 자란다. 휴식 없이 계속 전진하면 몸이 상하고 더욱더 피곤이 쌓인다. 쫓기는 삶이 아니라 적당한 휴가로 재충전해야 시간을 효율적으로 운영할 수 있다. 휴식의 계획은 몸 상태와 여러 상황을 고려해서 세워야 한다.

하지만 휴식이 장기화되면 무기력하고 게을러진다. 철학자 칼 힐티(Carl Hilty)는 지나친 휴식은 휴식이 없는 상태처럼 몸을 피로하게 한다고 했다. 활을 쓰지 않을 때는 활줄을 느슨하게 둬야지 항상 팽팽하게 해두면 탄력을 잃어버려 못쓰게 된다. 적당한 휴식은 자산이 되고 다음 일을 위한 재충전의 기회가 된다.

스마트폰이 보급되고 소셜네트워크서비스(SNS)가 활성화되면서 생활은 편리해졌지만 반대로 시간을 허비하는 경우도 많다. 지하철에서 책을 보는 대신 스마트폰을 보고, 아이디어를 구상하는 대신 인터넷 연예 기사를 보기도 한다. 이렇게 흘려보내는 시간을 합하면 생각보다 많다. 출퇴근길에 시간을 활용하겠다는 구체적인 계획을 세워보자. 하루, 한 달, 1년이 되면 엄청난 변화가 찾아올 것이다.

시시한 것이 제일 중요하다. 정시에 식사를 규칙적으로 하는 일, 정시에 출근하는 일, 약속 시간을 지키는 일, 언뜻 보면 시시하다. 그러나 시시하다고 생각하는 것들을 잘 지켜나갈 때 그

것이 가장 중요한 것이 된다.

매일 술을 마시는 직장인이 있었다. 어느 날 술을 더 이상 마실 수 없다고 했다. 알고 보니 간암 말기였다. 술을 작작 마시라는 충고를 그는 무시했다. 사소한 일이라고 생각했다. 그러나 이 시시한 일을 지키지 않음으로써 큰일을 당한 것이다. 어떤가. 시시하다고 미루어둔 일이 있는가. 아무리 시시하더라도 순간순간 최선을 다하며 소중하게 여겨야 한다. 정말 소중한 가족을 시시한 관계로 내팽개치고 있지는 않은가. 시간은 돈보다 시시하게 느껴지지만 정말 중요하다.

뜻대로 되지 않는 삶에 지친 이에게
_ 시간은 당신의 노력에 보답한다

때로 최선을 다했는데도 결과가 원하는 만큼 나오지 않을 때가 있다.
세상이 계획했던 답을 주지 않을 때.
완벽하다고 믿었던 계획들은 어긋나고,
변하지 않을 거라 믿었던 관계도 흔들리며 각고의 노력이 허무해진다.
신은 과연 존재하는가 원망이 들기도 하며 차악을 선택한 사람들이
훨씬 더 좋은 자리에서 웃는 모습을 볼 때면 초라한 자신이
한없이 부끄러워진다.
그럴 때면 세상에서 내가 가장 불행한 자라고 느껴지기도 한다.

이것은 이상한 것도 억울한 것도 아니다.
그대뿐 아니라 살아 있는 모두가 이런 시기를 지나고 이런 감정을 느
낀다.

자연은 생각한 대로 움직여지는 것이 아니라
정해진 섭리대로 움직이기 때문이다.

주관적인 내 뜻에 맞는 결과가 나오겠지
생각하는 것은 투정이고 지독한 거만함이다.

다만 나는 이렇게 생각한다. 살아온 행적은 어딘가에 저장된다.

열정적인 노력이나 자유로운 시간의 사색.
치열한 연구 또는 다양한 경험.
보내온 모든 분초의 생활은 시간이 지난다고 사라지는 것이 아니다.

그것은 쌓여온 지식이 되어, 또 생각의 깊이가 되어
삶의 든든한 가치관이 되어 삶 속에서 조금씩 보답한다.

생각대로 되지 않는 것이 인생임을 받아들여라.
다만 내가 지나온 삶의 모든 순간에 의미가 있음을 기억하라.

삶은 세밀하고 정치하게 짜여 있어서 뜻한 대로 주어지지 않았던 결과가 오히려 나중에 커다란 성공의 발판이 되기도 하고 허무하다고만 느꼈던 시간이 생각지 못한 아름다운 날들로 평생 기억되기도 한다.

절망하지 말아야 한다. 생각보다 바닥은 깊지 않다.

결과가 눈에 보이지 않을 때도 경주하고 노력해왔던 시간은
반드시 당신에게 남아 당신의 노력에 보답해준다는 사실을 믿고
다가올 날을 바라보아야 한다.

기다리고 준비하면 기회는 어김없이, 반드시 다시 찾아오기 때문이다.

그러므로 한 번의 어려움 때문에 낙심하고 절망할 필요가 없다.

최선을 다했는데도 노력한 결과가 원하는 만큼 나오지 않아 힘들 때
그럴 경우에도 다시 한 번 기회를 위해 준비하는 힘듦이 있다는 것은
결코 나쁘지 않다. 미래는 기회를 얻기 위해 다시 최선을 다하는 선량
들에게 미소 짓기 때문이다.

5장

두 번째 사는
인생처럼 품위 있게

마음이 아프고 힘들고 지쳤는가.
그렇다면 수천 리를 날아온 철새에게서
삶의 강인함을 배워보기 바란다.
아름다운 생명력을 유지하기 위해
위험을 무릅쓰고 긴 여정을 날아온 철새들은
힘들고 지쳤다고 낙심치 않는다.

여행은
빛을 내서라도 가라

백문이 불여일견

젊었을 때 여행으로 견문을 넓히는 일이 책상에 앉아서 지식을 익히는 것보다 유익한 이유는 무엇일까. 개인이든 기업이든 누가 창의적 상상력을 더 많이 갖느냐에 의해 경쟁력이 결정되기 때문이다. 미국 시장을 경험해보지 않고서 글로벌 경쟁력을 이야기할 수 없고, 인도 문명을 이해하지 못하고 인도 비즈니스를 잘할 수 없다. 견문을 넓히는 일은 상상력을 키우고 삶의 폭을 넓히는 길이다.

독서와 영화, 공부를 통해서 견문을 넓힐 수 있지만 백문이 불여일견이다. 한 번 보는 것이 백 번 듣는 것보다 훨씬 더 많은 상상력과 감동을 준다. 될 수 있는 한 젊었을 때 많이 보고, 듣고, 다녀서 경험을 통한 통찰력을 얻기를 권하고 싶다.

이탈리아의 로마를 여행하면서 로마제국의 찬란한 문화와 흥망성쇠를 가늠해볼 수 있다면 이보다 더 큰 산지식이 있을까. 영원할 것 같던 로마제국은 결국 멸망했는데, 지배층이 부패와 위기에 둔감해 변화를 주저했기 때문이다. 부패를 개혁하지 않고 변화를 거부한 안일함이 대로마제국을 멸망시켰다는 깨달음을 얻을 수 있다. 여행지 현장에서 얻은 값진 경험은 큰 자산이 될 것이다. 이를 직접 본 사람은 틀림없이 부패와는 거리가 먼 삶을 추구하지 않을까.

"여행도 젊었을 때 다녀야지. 나이 들면 힘들어서 돌아다니지도 못해."

주위에서 흔히 들을 수 있는 말이다. 돈 모으느라 아등바등 살다가 해외여행 한 번 못 가보고 과로로 건강을 잃는다. 몸에 이상 반응이 오면 병원에 가서 진료를 받아야 하는데 미루다가 결국 병을 키운다. 젊고 건강할 때 즐기며 살걸 하고 후회하는 사람이 많은데 기성세대의 이야기다. 물론 전부가 다 그렇다는 것은 아니지만, 이전 세대 대부분은 시간을 돌릴 수 있다면 똑같이 살지 않으리라는 후회를 한다. 만약 시간을 되돌린다면 경제적으로 넉넉하지 않아도 즐거운 추억을 남기는 여행을 택하지 않을까.

두 번째 인생을 산다면 첫 번째 인생에서 후회했던 점을 반복할 리가 없다. 지금 사는 인생이 귀하게 얻은 두 번째 기회라고 생각해보자. 아마 훨씬 마음이 넉넉한 삶, 여유로움을 선택할 것이다.

여행은 가치 높은 투자다

여행은 가치가 높은 투자다. 안목과 시야를 넓혀주고 일상에서 발견하지 못한 신선한 배움을 주기에 여행을 잘 다니는 사람은 삶의 여유가 있다. 스트레스를 해소하는 건강한 취미를 가졌기 때문에 활력과 생기가 있고 여행으로 재충전을 하고 긍정적인 에너지를 얻는다.

여행은 들인 비용에 비해 몇 배의 만족과 기쁨을 준다. 여행 예찬론자가 아니라도 여행이 삶에 풍성한 유익함을 가져다준다는 사실을 부정할 수 없다. 요즘은 인터넷 카페와 블로그, 여행

책자를 통해 최신 정보를 손쉽게 얻을 수 있다. 길도 사통팔달 시원하게 뚫리고, 웬만한 시골에도 깨끗한 숙소가 있으니 돌아다니기도 좋다. 마음만 먹으면 얼마나 여행하기에 편리한 세상인가.

나는 젊었을 때 세계일주 여행을 꿈꾼 적이 있었다. 그러나 수십 개국 정도를 여행하고 난 뒤 바쁘다는 핑계로 더 이상 이어가지 못했다. 지금 생각하면 후회로 남는다. 나이 들어서 여유가 있으면 좀 더 많이 다녀야겠다고 다짐했지만 그게 쉽지 않다. 자녀들 뒷바라지하느라 또 중요한 일이 계속 생겨서 오히려 젊은 시절보다 더 여행을 할 수 없게 되었다. 젊었을 때, 큰 부담이 없을 때 가급적 자주 여행을 다녀오라고 권하고 싶다. 연령대별로 계획을 세워서 평생 몇 개의 나라를 다녀보고 여러 도시를 탐방하겠다고 목표를 세워보라. 구체적으로 세울수록 지킬 수 있다는 점을 명심해야 한다.

여행을 통해 다양한 나라 사람과 교류하고 공감하는 것은 인생을 품위 있게 사는 방법 중 하나다. 자신의 틀을 깨고 새로운 문화와 생각을 받아들일 수 있는 시간이기 때문이다.

형편이 어려웠던 서른 살 즈음에 나는 무작정 미국으로 떠났다. 뉴욕 맨해튼 거리와 워싱턴을 거쳐 샌프란시스코와 그랜드

캐니언을 보면서 창조주의 위대함을 직접 깨달았다. 짧은 역사를 가졌지만 미국이라는 나라의 무한도전을 보면서 가슴에서 우러나오는 경외감이 생겼다. 미국 여행은 나의 미래를 더 넓게 조명할 수 있는 계기가 되었다. 나아가 유럽으로, 동남아로 여행을 통해 삶의 폭을 넓히는 출발점이었다. 정말 한 치의 후회가 없었다. 떠나기 전에는 해외여행이 사치처럼 느껴져서 여러 번 고민을 거듭했다. 생활비도 모자라는 형편에 해외여행이라니 죄책감이 들기도 했지만 미국 공항에 도착하는 순간 복잡한 마음이 한 번에 사라졌고 한 치의 후회도 없었다.

'여행 오기를 잘했구나. 한국에 있었으면 다람쥐 쳇바퀴 같은 생활로 건조한 늪에 빠져 있을 텐데.'

그렇다. 여행은 보상이 확실한 투자요, 빛나는 휴식이다. 한정된 시간을 몇 배로 유익하게 운용하는 가장 현명한 소비다.

인생에 열정을 불어넣고 싶은가. 여행을 떠나라. 꼭 해외여행이 아니라도 좋다. 국내에도 보석 같은 여행지가 무궁무진하게 널려 있다. 무작정 가서 감동을 기록으로 남겨라. 품격 있는 인생의 한 페이지가 장식될 것이다. 품격은 하루아침에 생기지 않는다. 사람의 말과 행동은 그가 살아온 경험과 환경에 지배를 받는다. 문화 속에서 형성된다는 말이다. 문화는 직간접 체험으로 습득되고 그 중심에 여행이 있다.

나는 TV 프로그램 중에서 〈한국인의 밥상〉을 자주 보는 편이다. 흙길과 바닷길을 지나 한국의 아름다운 음식문화를 잘 보여주고, 지역의 독특한 풍경과 잘 어우러진 음식문화의 뿌리에 공감하다 보면 감성이 풍부해진다. 더 울고, 더 사랑하고, 아직 도전할 날이 많은 청춘은 빚을 내서라도 여행을 가는 것이 좋다.

나는 바쁜 일정 때문에 장기간 해외여행을 하지는 못하지만 강의를 하러 갈 때 시간을 쪼개서 여행을 한다. 가까운 나라와 국내 전국 곳곳을 누빈다. 어떤 때는 기차로, 어떤 때는 승용차로, 때로는 번갈아 가면서 계절의 변화와 세월의 흐름을 최대한 몸으로 느낀다. 풍경을 통해 역사의 흐름이 자연스럽게 다가온다. 곳곳마다 삶의 현장을 체득하는 일이 얼마나 즐거운지 모른다. 새벽부터 강의로 바쁘지만 여행으로 재충전하고, 긍정적이고 여유로운 에너지를 얻는다.

책을 어떻게 그렇게 쉽게 집필하느냐고 후배들이 물어온다. 만약 여러 곳을 다니면서 깊은 묵상을 하고, 그때그때 단상을 기록으로 메모해두지 않았다면 불가능하다고 답한다. 여행은 기록을 남긴다. 여기에 공부가 곁들여지면 더욱 가치를 높일 수 있다. 기록하는 여행을 하면 다녀온 후에 정보와 감동을 지속적으로 보존할 수 있다.

많은 리더와 다양한 사람을 만나는 여행은 나의 통찰력을 더없이 높여주는 길이다. 그러므로 '명함 여행'을 해볼 것을 권한다. 누구를 만나서 명함을 받으면 언제 어디서 받았고, 어떤 감동이었는지를 간단히 기록해두는, 사람을 통해서 배우는 여행이다.

역사와 풍경만 보고 오는 여행은 기억이 오래가지 않는다. 현지인을 만나고 문화를 경험하고 과거에서 벗어나 현재에서도 새로움을 찾아내야 한다. 새로움을 발견한 기록이 남을 때 차별화된 자산으로 남는다. 더 많은 이야기로 감동을 줄 수 있다.

지금 힘든가. 그렇다면 여행을 통해서 '지금 잘하고 있다'는 격려를 얻기를 바란다.

잘 쉬는 사람이 일도 잘한다

잘 쉬는 사람이 일도 잘하는 법이다. 놀 때 잘 노는 사람이 성과도 낸다. 주어진 상황에서 자신을 절세하는 일도 중요하지만, 일상의 긴장을 느슨하게 풀어놓고 여행을 즐길 줄 알아야 한다. 일에만 파묻혀 사는 사람은 여행지에 가서도 불안해한다. 몸은 떠났지만 마음은 회사에 있는 경우가 많다. 하루 이틀 지나야 적응이 되고, 오히려 집으로 돌아갈 때가 되면 긴장이 완전히 풀린다. 한국 직장인 대부분이 이런 모습일지 모른다. 쉬는 시간에도 조직에 종속된 안타까운 모습인데 그렇다고 여행이라는 채널을 완전히 닫아버리면 안 된다. 의지적으로 여행이 점점 편해지도록 연습을 하면 된다.

진학, 취업, 승진, 결혼 문제로 힘들다면 지금 불안의 자기장이 미치지 않는 곳으로 여행을 떠나라. 인생의 짐을 내려두고 온갖 걱정거리들을 재워두고 훌쩍 가보자. 여행이 주는 유익이 정지된 일상보다 훨씬 크다.

목적지가 어디든, 비용이 얼마가 들든 여행은 그 자체가 기쁨이고 즐거움이다. 어른들도 기쁘고 아이들도 기쁘다. 하지만 현실은 어떤가. 조금만 더 돈을 모아서 가야지, 은퇴하면 가야지 하고 자꾸만 우선순위에서 뒤로 밀린다. 정작 시간과 돈이 있을 때는 건강이 없어서 갈 수 없는 경우가 많다. 여행을 자주 하라는 말은 일찍 갈수록 좋다는 뜻이다. 다른 인종, 문화, 사회에 관심을 가지고 생각의 폭을 넓히는 일에 지체할 까닭이 무엇이 있겠는가. 여행은 고유한 상상력과 삶의 관조를 형성한다.

얼마 전 여행 전문가에게 '좋은 여행을 하려면 지켜야 할 원칙'에 대한 강의를 들었다. 여행은 자유로운 선택이라고 생각했는데 원칙이 있다는 말이 흥미로웠다.

첫째, 혼자 가라.

나는 직장생활을 할 때부터 혼자 가는 여행을 좋아했다. 맞는 말이다. 혼자 가야 여행지에서 만난 사람의 다양한 이야기를 들을 수 있다. 폭넓은 사람과 교류하고, 자신을 재발견하는 기회를 얻는다.

둘째, 느린 여행, 주제가 있는 여행을 하라.

이 대목에서 전적으로 공감했다. 주제가 있는 여행은 정말 멋지다. 등산을 하더라도 자연의 변화와 계절의 멋 등 주제를 정해 차근차근 음미하는 것이 좋다. '아는 만큼 보인다'는 말이 여행을 두고 한 말 같다. 그림을 좋아하는 사람은 미술관을 중점적으로 보고, 미식가는 맛집 기행을 목표로 하는 등 초점을 맞춰서 여행을 하면 다녀와서 기억에 오래 남는다. 지식과 재미를 함께 얻으니 얼마나 큰 자산인가.

우리는 자라온 문화와 환경에 따라 인식을 형성하고 학습에 의해 고착된 인식은 왜곡 여부를 떠나 좀처럼 고치기 힘들다. 사람의 몸은 무엇을 먹는가에 의해 결정되고, 사람의 행동과 사고는 무엇을 배우는가에 의해 형성된다. 이처럼 한 번 틀이 생긴 인식을 바꾸려면 새로운 학습이 필요하다.

직장생활에도 동일한 원리가 적용된다. 내가 알고 있는 것, 내가 경험한 것이 전부라고 생각하고 넓은 세상과의 교류를 단절하는 순간 금방 도태되고 만다. 세상은 넓고 문화는 다양하다. 오늘날 정보통신의 발달로 전 세계가 인터넷으로 연결되어 있지만 얕은 간접경험만으로는 부족하다. 여행책에서 아무리 온갖 미사여구를 동원해 음식의 맛을 묘사해도, 스타일리스트가 한껏 멋을 부린 음식상 사진을 봐도, 직접 음식점에 가서 먹어본 사람이 갖는 느낌을 뛰어넘을 수 없다. 여행은 짧은 시간으로 즐거운 직접체험을 할 수 있는 절호의 기회다. 여행의 기회를 활용하고 늘리면 경쟁력 높은 사람이 된다.

자신을 알고 상대방을 아는 지피지기知彼知己는 싸움의 기본이라고 한다. 그래서 우리는 상대방을 아는 데 초점을 맞추고 상대방을 탐구하기 위해 많은 시간을 투자한다. 그런데 그보다 더 중요한 것은 바로 자기 자신을 제대로 아는 것이다. 상대방을 손바닥 들여다보듯이 알더라도 자신의 능력을 제대로 알아야 상대방에 맞는 대응책을 마련할 수 있기 때문이다. 자기 자신을 제대로 알려면 어떻게 해야 할까. 새로운 경험을 접하면서 자신의 현 위치를 제대로 파악해야 한다. 그래서 다른 세상에서 사는 사람들을 통한 진단이 꼭 필요하다. 그들과 소통하며 경험을 축적하는 것은 직장인들이 갖춰야 할 덕목이다.

내가 대기업에 재직하던 시절 '선진 연수'라는 프로그램을 진행한 적이 있었다. 우수 사원들을 대상으로 2주 동안 해외의 선진 기업들을 견학하고, 다른 나라의 문화를 자유롭게 배우는 현장 교육의 일환이었다. 각국의 우수 기업 몇 개를 단순히 방문하고 돌아보는 기존의 연수 방식과는 달리 연수 대상 기업들을 세계 각국으로 확대하고, 대신 본인의 선택에 따라 한 국가를 선택하여 그 국가와 그 기업에 대하여 집중적인 연수체험을 하도록 했다.

'우리 제품이 그 국가 제품에 지는 이유가 무엇인가, 그 국가의 문화는 우리 문화와 어떤 차이가 있고, 우리는 무엇을 배워야 하는가' 등의 주제로 세미나를 갖기도 했다.

연수에 참석한 사람들은 최첨단의 해외제품이 한국에 상륙하면 자사 제품은 뒷전으로 밀리고 말 것이라는 위기의식을 느꼈다. 스스로 우물 안 개구리였다는 것을 깨닫고 자사의 현주소를 재파악하게 되었다. 국내 1등이라는 자만심을 버리고 연구개발과 마케팅력 향상에 집중해야 한다는 문제의식을 공유했다. 만약 해외연수나 문화체험이 없었다면 직원들의 의식개혁은 이루어지지 않았을 것이다. 아무리 상사가 위에서 위기의식을 가지라고 외쳐도 실제로 경험하지 않는다면 구성원의 의식변화는 일어나지 않는다. 직장인 해외 문화체험과 연수는 직장인들의 의식을 일깨워주고 특히 국제적인 안목을 갖추게 한다는 점에서 필요하며 유익하다.

내가 당연하다고 생각했던 점이 다른 나라에서는 당연하지 않을 수 있다. 이처럼 해외경험을 통해 그동안 당연하다고 여겼던 관행을 버리게 된다. 그래야 새로운 아이디어를 창출할 수 있다. 이렇게 직접 경험을 해서 쌓은 지식과 체험은 개인에게도 회사에도 값진 교훈이 된다.

모 기업은 지역전문가 제도를 통해 2년 동안 문화를 체험하고 생활하면서 그 나라의 국민성까지도 파악하게 하는 맞춤형 인재 연수 프로그램을 운영하고 있다. 미리 언어가 통하는 직원들을 선별하여 2년 동안 문화체험과 소비 트렌드를 배우고 체험케 함으로써 언어만으로는 이해할 수 없는 영역을 보완해 장기적으로 특정 국가의 시장 공략책임자로 일하게 한다. 이는 외국 바이어들을 만나 영업을 할 때 엄청난 강점으로 작용한다. 외국의 업체와 계약을 맺을 때 한국말로 인사하며 젓가락으로 밥을 먹는 외국인이 나온다면 왠지 정감이 가고 계약을 체결하고 싶어지지 않겠는가? 동일한 원리다. 그 나라 문화를 이해하고 함께 즐길 줄 아는 사람에게 시장 공략의 기회는 열려 있다.

하루에 네 번 성전을 향해 절하는 무슬림을 위해 종교의식 시간과 나침반 기능을 탑재한 국내 기업의 스마트폰은 아직까지도 효과적인 마케팅 사례로 회자된다.

개인적으로 떠나는 여행이든 회사에서 가는 해외연수든 공통점이 있다. 일상의 자리에서 보고 들을 수 없는 새로운 경험을 한다는 점이다. 내 몸과 생각이 신선하다고 느끼고 반응하는 첫 경험을 할 수 있다.

인생의 품위는 스스로 만드는 것으로, 품위는 고상함을 넘어 이타적인 배려다. 배려는 상대방의 관점에서 바라볼 때 생긴다. 여행지의 환경과 문화를 체험하고 현지인을 만나면 자연스럽게 그들의 입장에서 생각할 수밖에 없다. 이런 경험이 쌓이면 가정과 사회에서 나만의 관점을 고집하는 습관을 버릴 수 있지 않을까.

누구든 존중하되
두려워하지 마라

존중은 관계의 품위를 지켜준다

상사 앞에서 일 때문에 주눅이 들어본 적이 있는가. 다른 사람들 앞에서 나의 결핍 때문에 주눅 들어본 적이 있는가. 사람을 두려워하는 마음처럼 괴로운 일은 없다. 특히 어떤 사람은 목소리만 들어도 덜덜 떨리고 피하고 싶은 경우도 있다.

존중하는 마음과 두려워하는 마음은 차이가 크다. 존중하고 예의범절을 갖춘 태도는 성공을 위해 꼭 필요하다. 단순히 나이가 많다는 이유로 어른을 존중하고 두려워해야 하는 것은 아니

다. 예의를 지키는 차원에서 존중하는 것은 어른이건 아이들이
건 예외가 없다. 그러나 두려워하는 마음은 자연스러운 소통을
멈추게 한다.

　대학에서 학생들을 가르치다 보면 어떤 학생은 존중하는 마
음을 표현하면서 자연스러운 소통이 이루어지는데, 어떤 학생
은 교수 앞이라고 주눅 들어서 할 말도 못하는 모습을 볼 때 안
타깝기 짝이 없다. 교수라고 벌벌 떨고, 상사라고 벌벌 떨고, 어
른이라고 벌벌 떤다면 창의력은 어떻게 생기고, 소통은 어떻게
가능하겠는가.

　인간관계의 중요한 원리는 존중하되 두려워하지 말라는 것이
다. 그래야 어른이든 상사든 교수든 동등한 인격체로 소통할 수
있다. 어느 한쪽이 두려워하는 존재가 되면 일방적인 지시와 요
구사항에 따르는 수준에 멈춰버린다. 서로 발전하는 데 한계가
생긴다. 나는 궁금한 게 있으면 낯선 사람에게라도 예의를 갖추
어서 물어보는 습관이 있기 때문에 홈페이지, 트위터, 이메일로
질문하는 사람들에게 답변하는 일을 귀찮게 생각하지 않는다.
오히려 자연스러운 소통의 기회로 삼는다.

　혹 대화 중에 무안을 당하거나 권위에 눌리더라도 절대로 두

려워하지 마라. 두려워하는 마음은 나를 아프게 한다. 존중하되 두려움이 없을 때 서로 편안하다.

두려워하는 태도와 존중하는 태도를 혼동하지 않으면 누구든 존중의 대상으로 삼아 인격적인 대화가 가능하다. 겸손한 자세로 상대를 존중하면 좋은 관계를 유지하면서 품위를 지킬 수 있다. 품위가 있는 삶과 태도는 우리를 부유하게 하고, 높은 자존감을 선사한다.

초등학교만 졸업한 다나카가 도쿄대 출신이 우글우글한 일본 대장성의 장관으로 임명되었을 때 엘리트 관료 집단은 노골적인 불만을 표출했다. 다나카는 1분도 안 되는 취임사 한마디로 우려와 불만을 일거에 해소했다.

"여러분은 천하가 알아주는 수재들이고 나는 초등학교밖에 나오지 못한 사람입니다. 더구나 대장성 일에 대해서는 문외한입니다. 대장성 일은 여러분이 하십시오. 저는 책임만 지겠습니다."

엘리트 관료들은 다나카가 인정하고 존중해주자 일순간 마음문을 활짝 열었다. 오히려 다나카를 존경하고 따랐다. 다나카는 리더십을 인정받아 일본 수상의 자리에까지 올랐다.

누군가를 존중하면 상대가 높아지기 전에 자신의 격이 올라간다. 존중은 막연하고 추상적인 감정이 아니다. 상대방에게 배울 점이 있다고 인정하고, 그것을 내 것으로 체화하는 과정이다. 현명한 사람은 남을 존중한다. 그 과정에서 자신의 부족한 점을 하나씩 채워간다. 성숙한 자아를 완성하는 과정이라 할 수 있다. 존중은 관계 속에서 품위를 지키는 바탕이 된다.

이 시대는 존중하는 마음을 잃어가고 있다. 학생이 선생님을 존경하지 않는다. 자녀가 부모님을 존경하지 않는다. 부부간에도 서로 존중하지 않는다. 직장 안에서도 상사가 부하직원을 존중하지 않고 부하직원이 상사를 존중하지 않는다. 존중하지 않는 마음은 스스로 완벽하다는 오만이고 독이다. 높은 담을 치고 고립을 자처하는 길이다.

엄격한 부모 밑에서 자란 사람은 모든 사람을 두려움의 대상으로 삼는다. 두려움의 대상이 생기면 창의력과 판단력은 흐려진다. 더 발전할 수 있는 원동력이 멈추어버린다. 반면에 존중의 대상이 생기면 멘토를 얻는다. 삶이 윤택해지고 창의력이 커진다.

나는 가부장적인 아버지 밑에서 자랐기 때문에 누구든 두려움의 대상으로 대하는 경우가 있었다. 아버지가 말씀하실 때 조금만 자세가 흐트러지거나 내 생각을 말하면 "어른이 이야기하는데 말대꾸한다"고 야단을 맞은 경험이 많다. 어머니와는 소통이 이루어졌지만 아버지와는 대화 자체를 피했다. 그런 영향으로 사회생활을 시작한 젊은 시절에는 모든 사람을 두려움의 대상으로 본 적이 있다. 두려움으로 사람을 대하다 보니 아무것도 할 수 없다는 깨달음을 얻었다. 나는 곧 학습된 두려움과 피동적인 태도를 버리기로 결심했다. 존중하고 공경하되 두려워하지 않겠다고 각오하고, 사람에 대한 태도를 적극적으로 바꿨다. 그랬더니 상사에게도 편안하게 이야기하게 되었고, 의견을 적극적으로 펼칠 수 있어 업무 능력이 향상되었다. 상사와 다른 의견을 말할 때도 내가 존중하고 있음을 그들이 알기에 조금도 언짢아하지 않았다.

사람은 누구에게나 사랑과 너그러움이 있다. 누구든 두려움의 대상이 아니라, 존중하면서 관계를 맺어야 발전이 있고 소통이 된다는 사실을 깨우치는 데는 그리 오랜 시간이 걸리지 않았다. 누구든 존중하되 두려워하지 않은 덕에 주변의 많은 사람이 나를 멘토, 인생 선배로 인정해준다.

여러분은 어떤가. 나와 비슷한 환경을 경험한 사람이 많이 있을 것이다.

두려워 말고 상대의 인격을 인정하라

두려움은 마음의 병이다. '인간 대 인간'이라는 존엄성을 위협하기도 한다. 가난한 사람이 부자를 두려워하고, 학력이 낮은 사람이 고학력자를 두려워하기도 한다. 자신의 결핍된 요소에 두려움이 파고든다. 그래서 두려움의 실체를 아는 일이 중요하다. 내가 저 사람을 왜 두려워하는지 이유를 알면 극복할 수 있다. 건강한 마음은 두려움이 없는 상태가 아니라, 두려움을 이겨낸 마음이다.

존중이란 무엇인가. 상대방의 인격을 인정해주는 것이다. 성격이 안 맞고 거칠다, 상대하기 싫다는 마음은 주관적이다. 독선적이고 독단적인 사람은 어디든 있게 마련이다. 이들을 피하는 것만이 능사는 아니다. 다시 상대하기 싫은 사람이라도 조금만 입장을 바꾸어서 생각하면 달리 보인다. 맹목적으로 상대방의 모든 점을 수용하라는 뜻이 아니다. 내가 상대방의 입장을 존중하면 반드시 나를 이해하고 마음을 연다는 얘기다.

자신감이 충만한 청년 한 명이 연구실로 찾아왔다.
"저는 집안 환경이 좋아요. 다른 친구들과 달라요. 스펙도 좋고요. 그런데 왜 꼭 이기는 습관으로 살아야 하죠? 좀 여유 있게 살면 안 되나요. 왜 꼭 이겨야만 하나요."

"청년의 아픔을 미처 몰랐네요. 당당하고 좋은 가치관을 가져서 보기 좋아요. 구김살이 없고 자신감이 넘쳐 보이네요."

"성품이 좋다는 말은 살면서 처음 듣네요. 좋은 가치관이라는 이야기도요."

"그래요. 실제 성품과 가치관은 어떤 관점에서 보는가에 따라서 달라져요. 다른 사람은 톡톡 쏘는 말투 때문에 당신의 성격을 나쁘다고 말했을 거예요. 본질을 보지 않고 말하는 방식에 주목했을 거예요. 그런데 형식도 중요하긴 해요. 까칠한 사람으로 오해받으면 사람들이 두려워하고 도망가버리니까요."

"어떻게 하면 사람들과 잘 사귀고 융화할 수 있는지 가르쳐주세요."

처음에는 꼬부라진 마음으로 항의를 하러 왔던 청년의 마음이 자기를 존중해주는 순간 확 풀어짐을 느꼈다. 감정에 맡겨두지 말고 상대의 존재를 인정해주면 존중할 수 있다. 존중은 상대방의 마음을 여는 귀중한 선물이다.

존중은 막연하고 추상적인 감정이 아니다. 상대방에게 배울점이 있다고 인정하고, 그것을 내 것으로 체화하는 과정이다. 존중은 관계 속에서 품위를 지키는 바탕이 된다.

후회는 습관이다

후회할 일은 시작하지 않는다고? 일을 시작하기 전에 후회할 일인지 아닌지를 따져보고 미리 판단하라는 말인가.

일을 하다 보면 후회가 생길 때가 있고, 잘했다고 만족할 때가 있다. 그러나 후회할 일은 아예 시작하지도 않았다고 마음에 다짐한다면 자연스럽게 보람 있고 가치 있는 일로 연결된다는 말이다. 혹시 후회가 되는 상황을 만나더라도 후회가 아니라 자신감을 회복할 수 있는 기회가 될 수 있다.

외모 콤플렉스가 있는가. 자신의 생김새 때문에 마음이 괴로운가. 하지만 잘생긴 외모보다 잘생긴 마음이 더 값지다. 마음이 값지면 타인의 시각에서 내 시각으로 바뀐다.

페널티에 집중하면 열등감이 된다. 열등감은 영혼을 갉아먹는다. 그러나 나에게는 다른 장점이 훨씬 많지 않은가! 체조 선수 양학선의 키는 160cm다. 한국 남자 성인의 평균으로 보면 콤플렉스를 가질 만하다. 그러나 그는 수많은 경쟁자를 물리치고 당당히 올림픽에서 금메달을 거머쥐었다. 지금 양학선에게 '키가 작다'고 놀릴 사람은 없다.

콤플렉스를 바라보지 마라. 자신의 부족함보다는 자신의 장점에 집중하라. 모든 일을 다 잘하는 사람이 세상에 얼마나 되겠는가.

외모를 바라보지 않는다면 잘하고 있는 것이다. 초기 기독교 전파에 힘을 썼던 사도 바울은 들창코에 대머리, 그리고 작은 키 등 외모는 정말 볼품이 없었다고 한다. 그러나 그는 바울 서신을 쓰고 위대한 족적을 남겼다. 나의 부족함을 열등감으로 느끼지 않는다면, 부족함에 집중하기보다는 강점을 더욱 발전시키기 위해 노력하고 있다면 지금 그대로 잘하고 있는 것이다.

어떤가. 단순하게 자신감만 채우라는 말이 아니다. 후회하지 않을 것으로 머리를 채우고 행동하라는 것이다. 후회는 습관이다. 이렇게 말하는 나를 잘 이해할 수 없을지 모르지만 후회는 습관이라고 말해주고 싶다. 후회하는 사람은 매번 후회하고, 긍정적인 사람은 항상 긍정적이다.

결과는 후회의 대상이 아니다

런던 올림픽에서 장미란 선수는 빛났다. 메달을 따지 못했다고 그녀를 비난하는 사람은 없었다. 오히려 감동을 받고 박수를 보냈다. 자신의 마지막 올림픽, 마지막 시기에서 실패한 뒤 오랜 시간 함께 한 역기에 입맞춤을 했다. 패자의 아름다운 모습을 새삼 발견한 시간이었다. 무엇이 장미란 선수를 지켜보는 우리도 울게 했을까. 후회를 남기지 않은 노력이다. 비록 메달은 따지 못했지만 그보다 값진 과정을 알기에 사랑받는 선수가 된 것이다.

일의 결과를 놓고 후회하는 사람이 많으나 결과는 후회의 대상이 아니요, 받아들일 몫이다. 무엇을 하든지 정성을 다해야 한다. 비록 대충 한 일보다 결과가 좋지 않더라도 말이다. 성실함 자체가 하늘이 주는 상금이다.

부잣집 주인이 종들을 불러놓고 같은 양의 짚을 주면서 새끼줄을 가늘고 길게 꼬라고 했다. 게으른 종은 짚을 두껍게 꼬아서 금방 다 끝내고 잠을 잤다. 성실한 종은 주인의 명대로 최대한 가늘고 길게 꼬았다.

다음 날 아침, 주인은 엽전이 가득 들어 있는 금고를 보여주고 새끼줄로 꿸 만큼 엽전을 가져가라고 했다. 게으른 종들은 두꺼운 새끼줄로 엽전을 꿸 수 없었지만 성실한 종들은 많은 돈을 꿸 수 있었다.

꾀를 부리지 않고 성실한 사람은 복을 받는다. 작은 일이라고 무시하고 최선을 다하지 않았다가 후회하는 경우가 있다. 조금만 더 인내심을 갖고 했더라면 좋은 결과를 얻을 수 있는 기회를 놓친 기억도 있다.

사람은 완벽하지 못해서 실패할 수밖에 없지만 실패를 하더라도 후회를 남기진 말아야 한다. 과정에서 할 수 있는 만큼 최선을 다했다면 결과를 받아들이긴 쉽다.

회사에서 만들어낸 제품만 실패하지 않는다. 인생을 살다 보면 사람도 실패를 피할 수 없다. 실패에는 두 종류가 있다. 후회 없는 실패가 있고, 후회 막심한 실패가 있다. 열심히 했지만 전쟁과 천재지변, IMF 같은 돌발변수로 실패할 때가 있다. 누구를 탓할 수도 없고, 어쩔 수 없는 일이다. 나 아닌 다른 사람이 했어도 역시 실패했을 터이니 후회 막심한 실패는 아니다. 내가 할 수 있는 일을 다 한 뒤에 실패를 경험하면 후회는 남지 않는다.

그러나 내가 게을러서 실패했다면 후회 막심한 실패다. 그래서 무슨 일을 하든지 모든 정성을 기울여야 한다. 일의 경중을 떠나서 스스로 부끄럽지 않은 모습으로 살아라.

인생의 품위를 지키려면 후회할 일은 시작하지 않으면 된다. 이 일이 내 인생에 어떤 의미를 주는지 성찰하고 결정하는 습관을 가져보자. 끝을 예측해보면 신속 정확한 결단을 내릴 수 있다. 유혹을 느낄 때 일의 결말을 기억한다면 후회를 피할 수 있다. 공금횡령으로 감옥에 가는 사람, 남을 속여서 부당 이익을 취하는 사람, 사회적인 범죄로 피해를 주는 사람을 보면 순간적인 욕망을 억누르지 못한 경우가 많다. 돈과 명예, 본능을 다스리지 못하고 인생에 오점을 남긴다. 유혹을 떨쳐버리는 첩경은 일의 결말을 기억하고 후회의 덫에서 빠져나오는 것이다.

후회하지 않기 위해서 지금 힘들다면 잘하고 있는 것이다. 청춘의 때에는 어떤 일이 후회할 일이고, 어떤 일이 후회하지 않을 일인지 잘 보이지 않는다. 등록금을 낼 수 없는 형편에 아르바이트를 할 것인가, 공부를 더 열심히 해서 장학금에 도전할 것인가를 놓고 갈등하고 고민한다.

어떤 길을 선택하느냐는 중요하지 않다고 본다. 어떤 선택을 하든지 최선을 다했다면 후회할 필요도, 후회할 일도 생기지 않을 거라고 확신한다. 후회하지 않기 위해 순간순간 전력을 다하고, 그래서 힘들다면 분명 잘하고 있는 것이다.

죽을 때가 되면 공통적으로 하는 후회가 있다. 제일 먼저는 '내가 왜 베풀지 못했을까' 하는 후회고, 다음으로는 남에게 상처 준 일을 후회한다고 한다. 무미건조했던 삶을 아쉬워한다. 여유를 갖고 즐겁게 살 수 있었는데 하면서 말이다.

사람이 죽음에 다다르면 욕심이 없어진다. 생명이 있는 시간까지 우리는 욕심이 있다. 내가 먼저 대접을 받아야 하고 인정받아야 한다는 생각은 실상은 나중에 후회할 일이다. 진정으로 나를 다 내려놓으면 나중에 후회할 일이 줄어든다. 베풀지 못하고, 행복하지 못하고, 참지 못한 일을 죽을 때 후회해봤자 아무 소용이 없다.

지금, 세상 사는 방식을 바로잡아야한다. 아름다운 삶의 열매를 남기고 떠나야 한다. 다른 사람이 나를 통해 좋은 일이 생기고, 그로 인해 행복했다고 말할 수 있을 만큼.

후회할 일을 시작하지 않기 위해서는 내가 하는 일이 다른 사람에게 유익을 주는 일인지 먼저 생각해야 한다. 후회할 일의 대부분은 타인의 고통과 사회적 영향력을 생각하지 않음으로써 시작됨을 기억해야 한다.

더욱 중요한 점은 지나간 일은 긍정적으로 평가하는 자세로 어찌 할 수 없는 일을 붙들고 계속 마음 아파하고 속이 상해서는 안 된다. 훌훌 털어버리는 것도 능력이다.

이런 삶을 살다 보면 일상이 기쁨으로 가득하다. 비록 가진 게 별로 없더라도, 자랑할 일이 없더라도, 뭐 하나 이룬 것이 없더라도 기쁨을 선택할 수 있게 된다. 기쁨을 선택하기로 결정한다는 것은 나쁜 환경이나 상황이 배제된다는 것을 의미한다. 상황과 환경을 배제하고 기쁨을 선택하는 용기야말로 후회할 일을 만들지 않는 지혜다.

이 세상 떠날 때
웃을 수 있도록

무엇을 위해 살 것인가

많은 사람이 "어떻게 사는 것이 잘 살고 이기는 삶일까요?"라고 질문한다. 나는 '어떻게'가 아니라 '무엇을 위해'로 바꾸라고 대답한다. '어떻게'에 집중하다 보면 삶의 본질을 놓칠 수 있다. 무엇을 위하여 지금 내가 존재하는가를 항상 염두에 두기를 바란다.

세상살이를 두고 '공수래 공수거空手來 空手去'라고 한다. 빈손으로 태어나 빈손으로 떠나간다. 돈과 명예, 권력과 사랑하는 사람 모두 두고 가야 한다. 생과 사의 갈림길에서 초연하게 웃으며 떠나는 사람이 많지 않은 이유는 무엇일까. 세속의 애환과 근심과 고초로 가득 찬 삶에서 분리되지 못했기 때문이다.

세상을 떠날 때 웃을 수 있는 사람은 어떤 사람일까. 두 번째 사는 인생처럼 인생을 품위 있게 산 사람이다. 이 세상에 집착하지 않고, 다음 세계를 예비하며 영원한 삶을 추구하는 사람이다. 참으로 신기하게도 소유를 위해서 발버둥치면서 살아온 사람의 결말은 슬픔으로 가득하다. 그러나 소유에 집착하지 않은 사람들, 특히 내세에 있을 심판과 영생을 믿는 사람은 이 세상을 떠날 때 웃을 수 있다.

세계 정복의 위대함을 외쳤던 알렉산드로스Alexandros 대왕의 짧은 삶은 전쟁으로 가득하지만, 같은 시대를 살았던 그리스의 철학자 디오게네스Diogenes는 조그만 통 속에서의 자유가 더욱 귀중했던 사람이었다. 누가 더 가치 있는 삶을 살았을까. 이 세상을 떠날 때 웃을 수 있는 사람은 타인을 정복한 사람이 아니라 타인을 위해 선한 목적을 갖는 사람이다.

살아생전에 장례식을 연 사람이 있다고 한다. 결혼식처럼 날짜를 정하고 초대하고 싶은 사람을 모았다. 그동안 살면서 감사할 사람에게 감사하고, 사과할 사람에게 사과를 한다. 생전에 겪었던 희로애락을 함께 나누고 관 속에 누워보기도 한다. 마치 영화의 한 장면 같지 않은가. 차분히 죽음을 준비하는 모습이 인상적이었다.

죽을 힘이 있으면 살아갈 힘을 얻고도 남는다. 세상을 떠날 때 웃기 위해서는 이기적 목표를 버려야 한다. 내가 잘되고 욕망을 이루고 성공했다고 웃는 게 아니다. 이기적인 목표와 꿈은 힘이 약하다. 지속성이 짧다. 공동체의 이익과 가치를 실현하는 데 기여를 해야 영원성을 지닌다. 사리사욕을 버려야 도리어 큰 것을 얻을 수 있다. 손에 꼭 움켜쥐지 말고 펼쳐야 채워진다. 움켜쥐고 있으면 그만큼만 담게 된다.

나는 젊은 직장인들에게 "돈을 쫓아가지 말고 사람을 쫓아가야 한다"고 말한다. 돈을 쫓아가다 보면 돈도 잃고 사람도 잃는 경우가 생기지만 사람을 쫓아가다 보면 가치를 배우게 된다. 성공하는 삶의 핵심은 누구를 만나는가에 따라 결정된다고 해도 과언이 아니다.

사람에 대한 이해력이 바로 리더십이다. 개인의 인생에도 만남이 중요하지만 기업의 성패도 그렇다. 어떤 사람을 뽑는가에 따라 조직의 미래가 달라지고, 구성원이 어떤 생각을 갖느냐에 따라 성과가 결정된다.

얼마 전에 한 중견기업 간부가 허겁지겁 나를 찾아와 고민을 털어놓았다. 그의 꿈은 세계적인 기업의 창업주가 되는 것인데 언제 창업을 해야 할지, 직장생활은 언제까지 하는 것이 좋을지 모르겠다는 것이다. 느닷없는 질문에 나는 한참을 망설이다 거꾸로 몇 가지를 물어보았다.

"꿈을 언제부터 가지고 있었나요?"

"아주 오래되었습니다. 하루도 빠짐없이 꿈을 이루겠다고 다짐했습니다."

"그러시군요. 지금 직장에서 콜센터를 포함한 고객지원 부서의 책임자로 계시는데 줄곧 이 일만 해오셨나요?"

"네 그렇습니다. 입사 후 13년간 계속 고객지원 업무만 해왔습니다."

"고객지원 부서이니 고객만족 분야에 대해서 아주 해박하고 전문성을 갖추셨겠네요? 콜센터에 전화가 걸려오면 목소리만 들어도 고객의 화가 난 정도를 판단하고 그에 따른 조치를 할 수 있나요?"

"아니요, 아직 그런 수준까지는 안 됩니다. 일을 잘한다는 소리는 듣고 있지만 도통한 수준은 아닙니다."

"바로 그것이 문제입니다. 꿈과 비전은 탁월한데 역량과 노력은 일반적인 수준이다 보니 창업을 해도 승산이 낮아 보입니다. 꿈꾸는 분야에서 탁월한 역량을 갖추어야 합니다. 지금 일이 나의 사업이라 생각하십시오. 그런 마음으로 1, 2년 더 근무하시면서 사업역량을 더욱 높여보시고 역량을 인정받으신다면 굳이 창업이 아니라, 평생직장 개념으로 근무하셔도 좋을 겁니다."

꿈과 비전이 원대하다면 자신의 역량 또한 평균을 뛰어넘는 탁월함을 갖도록 노력해야 한다. 직장이라는 안전한 울타리 안에서 위안만 받으려고 하면 직장에서조차 승산이 없다. 맡은 일의 본질을 간파하고 최고의 전문성에 도전해야 한다. 개인의 비전과 직장에서의 탁월함이 연결될 때 개인과 기업의 성과를 극대화할 수 있다.

요즘 경제가 어려워지고 구조조정으로 직장인이 어려움에 처해 있다. 이런 때일수록 월급쟁이가 아니라 사업가의 기질을 키워야 한다. 사업 아이템이 있다면 달인의 경지에 올랐다고 자부할 때 도전하길 권한다. 뜬구름 잡듯이 시작했다가 인생에 상처만 남기고 끝날 수 있기 때문이다.

잘 사는 것이 잘 죽는 것이다

이 세상 떠날 때 웃으려면 눈에 보이지 않는 가치에 주목하고 소중함을 깨달아야 한다.

눈에 보이는 것을 추구하는 소유 중심의 삶에서 존재 중심적 삶을 추구하라. 당신의 존재가 이웃에 어떤 영향을 주고 있는가. 선한 영향력을 주어야 한다. 없어도 괜찮은 사람, 없어야 좋은 사람이 되지 마라. 아무 존재감 없는 허망한 족적을 남기지 마라.

지금부터 자신의 인생 콘셉트를 정해보는 건 어떨까. 생의 마지막 눈을 감는 순간에 무엇을 남기고 갈 것인가 생각해보자. 남은 사람들에게 따뜻하게 기억되면 얼마나 좋겠는가. 품위 있는 인생은 품위 있는 죽음으로 마무리된다. 죽음을 생각한다면 이기적으로 살 수 없다. 상처 주고 살 수 없다. 죽고 난 후에 손가락질을 받고 싶은 사람은 아무도 없기 때문이다.

잘 산다는 것과 잘 죽는다는 것은 다른 이야기가 아니다. 같은 이야기다. 이 세상을 떠날 때 웃을 수 있는 것은 일생 동안 잘 살았다는 평가를 받았을 때다.

잘 사는 것이 잘 죽는 것이다. 죽음에 대한 준비는 매일 일상이 되어야 한다. 일상이 쌓여서 인생의 긴 여정을 만들기 때문이다. 잘 살아야 이 세상 떠날 때 웃을 수 있다. 잘 사는 것은 내 욕망에 따르는 것이 아니라 창조주의 뜻을 기억하며 그 질서에 따르는 것이다.

마음이 아프고 힘들고 지쳤는가. 그렇다면 수천 리를 날아온 철새에게서 삶의 강인함을 배워보기 바란다. 아름다운 생명력을 유지하기 위해 위험을 무릅쓰고 긴 여정을 날아온 철새들은 힘들고 지쳤다고 낙심치 않는다. 환경을 초월하여 그들의 삶을 영위해간다.

최후의 승자는 이 세상 떠날 때 웃을 수 있는 사람이다.

계획한 대로 살기 힘든 이에게
_관계에 한계선을 그어라

작심삼일,
계획은 잘 세우지만 뜻대로 되지 않아 힘들어할 때가 많다.
그래서 초조하고 불안한가.
지나고 보면 계획대로 안 되는 게 삶임을 깨우친다.

작심삼일, 그것 때문에 힘들어하는 힘듦도 잘하고 있는 것인가.
그렇다. 작심삼일로 힘들어한다면 그것도 잘하고 있는 것이다.
작심삼일로 힘들어하는 것은
변하고자 하는 의지가 크기 때문이다.

 다만, '자유에서 나태로, 절제에서 억압으로' 흐르는 게
인성 人性 임을 깨우쳐라.
자유는 좋지만 나태는 나쁘다.
절제는 좋지만 억압은 나쁘다.
방종도 피해야 하지만 지나친 억압도 피해야 한다.

강제와 강요로는 아무것도 바뀌지 않는다.
계획은 절제에 동의하는 영혼을 가진 사람의 삶을 이끈다.
오직 자신의 삶의 터전에
반듯함을 놓기로 동의했을 때에만 삶이 변화한다.

참아야 한다고 생각할수록 참기 어렵고,
지켜야 한다고 강조할수록 지키기 어려운 것이 결심이고 계획이다.
'지켜야 하는 것'에서 '지키고 싶은 것'으로 바꾸어야
계획이 삶이 된다.

계획 외의 관계에는 한계선을 그어라.
삶에 경계를 확실히 하고 당신만의 시간을 확보하라.
한계선 없이 살아가는 사람은 타인의 계획대로 끌려 다닐 뿐이다.
계획에 영향을 받지 않을 정도로 관계에 한계선을 그어야 한다.

관계의 한계선이 시간을 확보해주고 내면을 살찌우게 한다.
혼자만의 고심과 내면의 깊은 성찰이 계획을 이루어지게 만든다.
외적인 사람 많음보다 관계의 한계선 긋기로 내 계획에 집중할 때
계획이 뜻대로 되지 않아 힘듦은 또 다른 기회가 된다.

계획대로 일이 안 되어 힘들어하는가.

마음속 깊이 묵상한 계획에 동의하고 다시 소망하라.

관계에 한계선 긋기가 필요함을 배우라.

그것도 잘하는 것이리라.

에필로그

•
•

당신은 지금,
잘하고 있다

위대한 삶은 청춘의 떨림과 영혼의 울림을 자양분 삼아 이루어 진다. 크리스마스의 꽃 포인세티아는 춥고 캄캄하고 어두운 곳 에서 자라야 한다. 그래야 가장 아름다운 붉은 빛깔의 꽃을 피 운다. 지금은 힘들고 지치더라도 그것이 우리를 위대함으로 이 끈다.

올림픽에서 금메달을 따려면 수천수만 번의 반복 훈련을 통 해 자연스럽게 상대방을 이기는 지혜를 터득하여야 한다. 나는 졸저 『이기는 습관』에서 1등도 해본 사람이 하고, 이기는 것도 이겨본 사람이 한다고 했다. 그렇다. 이겨본 사람은 이기는 원 리를 알고 있다. 그것은 바로 마음의 다짐과 마음의 훈련이다. 내 마음을 다스리고 자양분인 비타민을 제공할 때 육체도 반응 한다.

그러므로 외모에서 마음지상주의로 관점을 돌려야 한다. 위대함은 마음에서 이루어진다. 흔들리는 당신에게 줄 수 있는 비타민은 무엇일까. 수많은 청년과 직장인을 상담하면서 그들에게 꼭 알려주고 싶고, 털어놓고 싶은 고백이 있었다. 그게 바로 '지금 힘들다면 잘하고 있는 것'이다.

집필을 마치고 나니 멍해졌다. 온 정신을 집중한 탓이다. 그런데 탈고를 위해 다시 읽으면서 나 역시도 용기를 얻는 것 같아 기쁘고 벅차다. 독자들은 이 글을 매일 자신의 잠언으로 삼아서 읽고 또 읽기 바란다. 또 이 책을 마음의 자양분, 흔들림의 비타민, 제자리를 찾아가는 나침반으로 삼길 바란다.

우리를 흔드는 유혹은 수없이 많다. 그중에서 대표적인 것이 욕구다. 욕구는 위대함을 만드는 마음의 훈련을 닫아버리게 만든다. 다른 사람의 몸을 탐하는 유혹과 결코 채워지지 않을 욕심, 그리고 불만족, 분노, 낙담, 자화자찬, 교만이 우리를 삼키려고 흔들어댄다. 그러나 이런 유혹에 흔들리면 발전은 거기까지다.

유혹들을 이겨내고, 흔들리지 않기 위해 몸부림치고 절규하고 있다면, 그리고 이러한 것들로 인해 힘들어하고 있다면 잘하고 있다고 말해주고 싶다. 그 힘듦이 유혹에 흔들리는 당신을 올바르게 지켜주어 위대함을 만들어줄 것이다.

마음이 쇠약해지는 현상은 육체가 쇠약해지는 것보다 더 나쁘다. 모든 것이 마음에서 비롯되기 때문이다. 마음의 비타민을 위해 나는 책을 집필했다. 독자들은 이 책을 통해서 날마다 새 힘을 얻고 축 처진 어깨에 날개를 달기를 바란다. 누군가 책을 읽고 삶이 변화되고 용기를 얻는다면 책을 집필한 의미는 충분하다.

야망은 몰락을 가져오지만 비전은 삶을 성공으로 이끈다. 크루즈선을 움직일 때 전체가 아니라 핸들만 움직여도 되듯이, 작은 불로 인해 큰 산 전체가 타는 것처럼 졸저 『지금 힘들다면 잘하고 있는 것이다』가 새 비전을 품는 계기가 되기를 간절히 소망해본다.

당신은 지금, 잘하고 있다

지금 힘들다면
잘하고 있는 것이다

초판   1쇄 2013년 2월 27일
개정판 1쇄 2018년 6월 28일
       2쇄 2018년 7월 25일

지은이 | 전옥표

발행인 | 이상언
제작총괄 | 이정아
편집장 | 조한별
책임편집 | 심보경

디자인 | mmato

발행처 | 중앙일보플러스(주)
주소 | (04517) 서울시 중구 통일로 92 에이스타워 4층
등록 | 2008년 1월 25일 제2014-000178호
판매 | 1588-0950
제작 | (02) 6416-3927
홈페이지 | www.joongangbooks.co.kr
네이버 포스트 | post.naver.com/joongangbooks

ⓒ 전옥표, 2018

ISBN 978-89-278-0942-5 03320

중앙북스는 중앙일보플러스(주)의 단행본 출판 브랜드입니다.